方寸

方寸之间　别有天地

Around the World in 80 Pots

Around the World in 80 Pots

英国阿什莫林博物馆　著
Ashmolean Museum

The story of humanity told through beautiful ceramics

陈依依——译

80
件陶瓷器穿越世界

美丽器物讲述的人类故事

社会科学文献出版社
SOCIAL SCIENCES ACADEMIC PRESS (CHINA)

目　录

苏美尔王表
伊拉克，约公元前 1800 年
058

流槽双耳杯
克里特岛
约公元前 1900—前 1850 年
060

来通杯
克里特岛
公元前 1600—前 1450 年
062

毕托斯陶罐
克里特岛
约公元前 1700—前 1400 年
064

巨石文化带钮小盖罐
印度，公元前 1500 年
066

章鱼纹罐
克里特岛
约公元前 1450—前 1400 年
070

红陶瘤牛形器皿
伊朗
约公元前 1200—前 900 年
072

粗陶马形来通杯
塞浦路斯
约公元前 1100—前 1050 年
074

桶形陶壶
塞浦路斯
约公元前 700—前 600 年
076

雅典安法拉瓶
希腊
约公元前 720—前 700 年
080

鞋匠图瓶
希腊，公元前 500—前 470 年
082

阿提卡黑绘高足陶杯
希腊，公元前 530—前 515 年
086

阿提卡红绘人头形陶瓶
希腊
约公元前 500—前 460 年
090

维奥蒂亚黑绘斯凯佛司杯
希腊
公元前 400—前 301 年
092

红陶女性小像
巴基斯坦
约公元前 300—公元 100 年
096

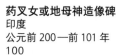

药叉女或地母神造像碑
印度
公元前 200—前 101 年
100

死海古卷罐
约旦，公元 1—70 年
102

阿拉米文"魔法碗"
伊拉克，226—651 年
106

青釉莲花尊
中国，500—600 年
110

骆驼陶俑
中国，618—907 年
112

孔雀蓝釉储物罐
伊拉克，约 700—800 年
116

锡釉碗
伊拉克，801—900 年
118

花草鸟兽图碗
伊朗，10 世纪
122

文字纹碗
伊朗或乌兹别克斯坦
约 10—11 世纪
126

黑釉凸线纹罐
中国，960—1279 年
128

钧窑天蓝釉紫红斑盘
中国，960—1279 年
130

定窑白釉刻花莲纹盘
中国，1100—1200 年
134

文字纹壶
伊朗，1151—1220 年
136

锅岛烧瓷杯
日本，约 1660 年
138

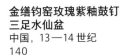

**金缮钧窑玫瑰紫釉鼓钉
三足水仙盆**
中国，13—14 世纪
140

溪边人物坐像图碗
伊朗，1211—1212 年
144

青白瓷贴花卉纹玉壶春瓶
中国，1279—1368 年
148

柱石双后图注碗
意大利，约 1275—1375 年
152

阿尔巴雷洛储物罐
叙利亚，1301—1400 年
154

猪形存钱罐
爪哇岛，15 世纪
158

耶稣受难图盘
法国，1511 年
160

阴茎组合头像图盘
意大利，1536 年
164

婴儿诞生图盖碗
意大利，约 1570 年
166

美第奇瓷壶
意大利，约 1575—1587 年
170

志野烧日本茶道点心碟
日本，约 1590 年
174

帕利西盘
欧洲，1601—1650 年
176

象形军持
伊朗，1601—1700 年
180

桃形盘
日本，约 1630 年
182

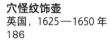

穴怪纹饰壶
英国，1625—1650 年
186

青花人物图诗文花觚
中国，1639 年
190

荷兰东印度公司花押字
克拉克瓷盘
日本，1660—1690 年
192

变形花卉纹罐
日本，1670—1680 年
196

托夫特泥釉陶盘
英国，约 1670 年
200

漆绘伊万里瓷瓶
日本，1701—1720 年
202

白瓷青画铁画葡萄纹壶
韩国，约 1690 年
206

鸟笼瓶
日本，约 1700 年
210

鹗坐像
德国，1731—1732 年
214

牛津盘
中国，约 1745 年
216

野猪头形带盖汤盆
英国，1755—1760 年
218

中国人像陶砖
墨西哥，1775—1825 年
220

带盖茶壶
英国，约 1772 年
222

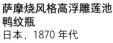

序

基思·布里默·琼斯
Keith Brymer Jones

　　我正坐在工作室里用黏土进行创作，这件事我已经做了 40 余年，就在这时，手机屏幕上推送了一则消息。那是一封邮件，它暂时打断了我正在收听的英国广播公司四台（BBC Radio 4）的节目。要知道，黏土和计算机是完全无法混为一谈的。首先，二者在实际操作层面显然就完全不同；其次，我此时此刻正在践行的这门工艺，几乎从人类开始通过创造力来表达自己时便已产生，而另一项技术（以其被大众熟知的形式）存在才不过 50 年而已。然而，这封邮件见证了古老工艺与现代科技的碰撞。邮件的内容是邀请我为阿什莫林博物馆的一本新书撰写序言。没错，正是现在你手中的这本书。

　　阿什莫林博物馆是全世界范围内的第一座公共博物馆，第二座附属于大学（牛津大学）的博物馆。阿什莫林博物馆规划和创立于 1683 年，它收集了来自世界各地的藏品，并成为全球最重要的艺术及考古文物收藏之一。从博物馆成立之初，其馆藏便被形容为"包罗万象的珍奇物件"，令人叹为观止。能受到这样一家机构的邀请来撰写序言，我感到荣幸之至。

　　阿什莫林博物馆愿意专门出版一本书来展示其不同凡响的陶瓷馆藏，这并不令我感到惊讶。不过，书页之间这些美轮美奂、形形色色的器物，着实令我惊叹不已。

　　黏土是人类运用的最古老的材料之一。从最初那些人类为了盛水而制造的陶罐，到后来那些纹饰繁丽的器物，古往今来，黏土一直是我们人类发展史中很重要甚至是至为关键的一部分。它是一种极其实用的媒介，可以用来传达观念、抒

基思·布里默·琼斯
在工作室的陶轮旁

发情感或交流信息。如果制作者愿意，他们的作品可以是一件既具象征意义，又具实用价值的器物——形式与功能在同一创作过程中得到了结合。根据制作者试图表达的内容，一件陶瓷作品可以跨越文化的边界，以一种独特的方式向观者进行倾诉，且这诉说往往掷地有声。

"黏土是人类运用的最古老的材料之一"

书中有几件器物可以追溯到公元前 3800 年。对于器物最初的创作者来说，这是一项不可思议的成就，因为他们的作品留存了数千年；同时，对于阿什莫林博物馆来说，这也是一种认证，因为博物馆的策展人能慧眼辨识这些东西的重要性，并且妥善保管着这些精美绝伦的藏品。

当坐在工作室里的拉坯机旁，我经常会想到第一只被制成的罐子，我是说，世界上第一只经烧制而成的罐子。在极高温度下烧制黏土的这一制作过程，使我们今天仍能有幸得见这些古老的陶罐。黏土在烧制时经历了彻底的转变。材料本身的分子结构产生了永不可逆的变化，从一种有机材料变为陶瓷。本书中的这些器物，是时光、思想与情感的快照，它们在人类发展史中屹立了数千年。你说，这难道不令人震撼吗？

任何一只罐子传达给我们的都远不只它的文化起源或是其制作者的身份，它同时向我们透露了使其问世所需要达到的技术水平。人类学家判断，陶器的发展标志着一个关键性时刻，即人类习得了一种更为实用的储存食物的本领，从而能够建立更为长久的定居之所。在陶器被发明之前，我们不过是猎人罢了，靠着在特定的时间所能捕获到的猎物存活下来。人类习得将种子、浆果和其他食物存储在耐久的容器中的这一行为，在人类发展史上是具有革命性的。这让我们有时间去思考、创造并得以摆脱只为生存下去而活着的状态。陶器使我们有机会以从前未曾设想过的方式向前发展。

抛光红陶三足雄鹿塑像（局部）
塞浦路斯
约公元前 2100—前 1850 年 （见第 53 页）

书中一些器物呈现的纹饰和图像，是某个特定时代和地区独有的。这些纹饰为我们提供了视觉线索，让我们洞悉这些古老的文明和各文明之间的关联，以及这些文明的子民的信仰、价值观念和日常活动。

当翻开这本罗列了人类创造力进程的图录，你会注意到，每当一个世纪过去，容器采用的制作工艺和装饰流程，都给器物带来了更为丰富的视觉效果，这源于烧制时采用的颜料和氧化物，有时也归功于更为多样的器形。为了达到这些装饰效果，人们需要进行长年累月的试验，探索如何才能利用大自然中的氧化物和矿物等天然成分，来烧制出如此美丽的釉层。我们即使只是想象一下这个探索的历程，都心生敬畏之情。而通过这些努力，终于实现比先前更加完善的生产方法后，这些苦心钻研器物烧制技术的人，在欧洲会被称为"炼金术士"，也就不足为奇了。他们通过魔法一般的过程，将矿物转变成玻璃质或釉质，制成了几乎可以永久保存的容器。

"如果罐子能说话，会向我们讲述它们曾见证过的哪些事呢"

绘制纹饰的每一个笔触，制作者双手留下的每一丝痕迹，塑造过程中的每一次触碰，都永恒地留存在了黏土之上。这不仅令这些器物的观赏者沉醉，也令其制作者痴迷。也许，激励着各个时代的陶工坚定追求制陶艺术的正是这种期冀：在肉体从世间消逝很久以后，一个人的存在仍然可以依托其创造出的作品而得以延续。在这本书中的有些器物上，你可以看到陶工的指痕。正因为如此，器物就是其制作者曾经存在的鲜活证明，无论那是在 100 年前，抑或 5000 年前。

以书中最古老的一件器物为例——约公元前 3800—前 3450 年的一只古埃及陶瓶（见第 22 页）。此器做工炉火纯青，外形出奇地符合当代审美。这只陶瓶得以被如此长久地保存至今，恰恰验证了制陶工艺的成熟。不仅如此，此器的工艺和器

乔赛亚·韦奇伍德位于特伦特河畔斯托克的伊特鲁里亚陶瓷工厂的两座瓶式窑炉

身纹饰所包含的动物形象，都给我们透露了许多有关古埃及生活的信息。制作者知道，通过对这样的器物进行打磨抛光，器物的表面会更密实，从而使成品变得耐久很多，因此对使用者来说更实用。我们开始意识到，这种创作形式，是通过多年来对泥土的化学特性的不断研究理解来实现的。制作者对此熟稔于心，一个简单的颜色选择便能产生令人满意的效果，这是多么鼓舞人心又不可思议。

这些器物跨越了时间，幸存于战争、饥荒、地震和其他自然灾害，成为一种恒久的提示，让我们联想到人类遥远的过去。如果罐子能说话，会向我们讲述它们曾见证过的哪些事呢？我认为，它们时时刻刻都在诉说，因为仅仅是它们的存在本身就已经告诉了我们太多内容。

因此，正如我在本文开头所提到的，黏土和计算机是完全无法混为一谈的。不过，我想说的是，正如计算机运用算法与我们交流，陶瓷器就是失落古文明的算法，而且它们如今仍然在对我们诉说着。计算机是我们现代的通信方式，但无论那信息是抒发情感还是陈述事实，计算机可以在传递信息的同时用来盛水吗？它可以在描述一场变革的同时被用作托盘吗？最重要的是，5000 年以后它仍会存在吗？而一件容器，无论器形是简约还是复杂，它都会永远陪伴我们。几年前，我曾与一位知名策展人讨论过这个话题，他提到，由于碗的式样简单，在我们如今使用的器物里面，碗是极少数即使生活在 5000 年前的人类也能辨别其用途和含义的物品。让我们展开想象，一只陶碗，以及陶瓷艺术本身，实际上都是会比我们更长久地存在于世的设计经典。人类存在以来，陶艺是少有的跨越了其他所有发展进程的贯穿线之一。这是一门刻画生命本身的艺术——当然，我会这样说，是因为我自己便是一名陶艺师。

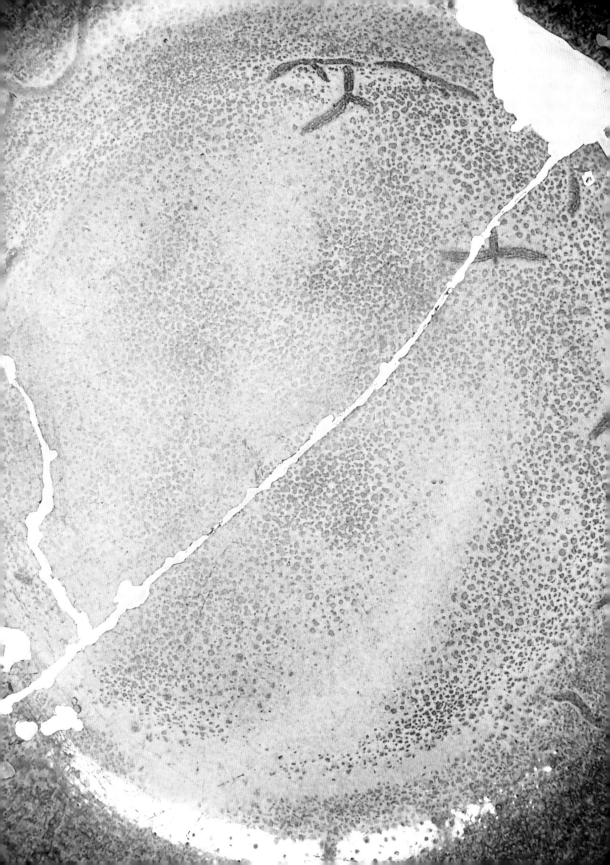

交线羊纹陶罐

埃及

约公元前 3800—前 3450 年

彩陶，25.5 厘米 × 9.9 厘米

在这只罐子上，我们可以看到除岩画之外，现存最古老的古埃及对人物及风景的描绘。这只罐子是一例"交线纹样陶器"（cross-lined ware），是埃及最早的彩绘陶器，有 5000 余年的历史。

这个术语的命名者是考古学家弗林德斯·皮特里（Flinders Petrie），他创建的陶器分类法，有助于古埃及前王朝时期的年表梳理。大多数已被发现的"C 型器"（交线纹样陶器）以线性图案装饰，如植物纹和编织纹。但也有少数器物绘有动物或人物，其中便包括这只陶罐。实际上，在现存的"C 型器"中，这只陶罐是品质最高的实例之一。

这类陶器以浅色颜料绘制纹样，经过烧制，颜料呈现为从乳白到粉色的颜色区间，凸显于陶器润泽的红色表面之上。一些样本分析显示，这些陶器含有石灰质黏土或少量氧化铁。同时我们了解到，这些器物的坯体由尼罗河的沉泥手工制成，在坯体表面施一层赤铁矿，再用卵石进行砑光后，方可绘制纹样。

此罐器身修长，简练却不失传神地描绘了一群动物，可能是绵羊或山羊，上下各有一圈正反双层三角纹。画面中最大的是一头公蛮羊，它弯曲的犄角和胸前的鬃毛极富特色，被清晰地刻画了出来。不过，器身绘制的其他羊便比较难以辨认了。

在古埃及前王朝时期，这些野生动物生存于沙漠地貌之中，与我们知道的那些后来被驯养的动物毫不相干。陶罐颈部和腹部的三角饰带，或许代表尼罗河两岸的悬崖峭壁，那是它们的自然栖息地。这一时期的古埃及人曾猎捕绵羊和山羊（在他们的定居点和墓葬中，发现了这两种动物的骨骼），或许偶尔也会食用这些动物。后来，狩猎成为墓室壁画描绘的人类活动之一。在艺术家的想象中，已逝之人会在死后重复这些行为，直到永远。在古埃及前王朝时期墓葬中发掘到的其他器物上，也有类似图像，它们或许蕴含着相似的意义。

黑顶陶瓶

埃及
约公元前 3600 年
陶器，42.8 厘米

　　黑顶陶器是古埃及前王朝时期，即约公元前 6000—前 3150 年，最重要的一种陶器类型。专家称之为"B 型器"，最初是由埃及学的先驱学者弗林德斯·皮特里命名的。将近 7000 年前，陶工们便开始制作黑顶陶器，但考古学家发掘到的大多数样本都来自涅伽达文化一期（约前 3900—前 3650）和涅伽达文化二期（约前 3650—前 3300）初期。

　　到距今约 5000 年的早王朝时期，史前埃及这些主要通过手工制作的精美器物，逐渐被轮制陶器取代，黑顶陶器最终消失于古埃及陶工制作的器物类型中。

　　这些器物得名于其顶部表面那圈富于光泽、类似金属质感的黑色，在容器内壁，或透过厚实的胎体也可以看到。这些区域之所以发黑，是由于这些陶器烧制于还原性气氛[1]下，吸收了碳。陶工将器物倒置于篝火中，那些缺少氧气的区域以及被烟熏到的地方，便会在烧制过程中变成黑色，而表面其他区域则呈现为一种润泽的红色。这种颜色和光泽来自一层经研磨的赤铁矿，在烧制器物之前，将液态的赤铁矿施于半干状态的坯体表面并进行磨光，来达到这种效果。陶工也可以通过对坯体表面进行处理，并调整烧制方法，以制造出全红或全黑的器物。如今当我们试图复制这一过程，用黏土覆盖住烧制器物的篝火时，方可达到最佳效果。

　　黑顶陶器具有多种不同器形，其中少部分带有贴花装饰。先单独塑造凸起的装饰部分，然后将其贴于器物表面，再施一层泥浆，并进行磨光。图中这只陶瓶，器身装饰着一张人脸，位于一根竖杆上方，竖杆两侧伸出一对牛科动物的角。下面有一双手臂环绕瓶身，托起小巧的胸部。我们不知道这一装饰的寓意，但是，它与 600 多年后，法老统治下的早王朝时期生产的那些更为粗糙的器物上的纹饰相呼应，

1　还原性气氛是陶器烧造的一种状态，即氧气不足的不完全燃烧，其相对应的另一种状态是氧化性气氛，即氧气充足的完全燃烧。——译者注（书中脚注皆为译者注，后不再标示）

科尔玛陶杯
深杯肚的外壁呈明红色和黑色，由一
条白色带隔开
埃及，约公元前 1755—前 1640 年
陶器，11 厘米×14.2 厘米

那些罐子上装饰着微型乳房和女神哈索尔的头像，其形象与母牛有关。

阿什莫林博物馆收藏的黑顶陶器中，有一块原属于一只大罐的陶片，从轮廓上看，残片上的装饰是象征着下埃及王权的红冠。古埃及划分为两个政权区域，下埃及（位于北部）和上埃及（位于南部），上下埃及直到约公元前 3100 年才统一。王冠的侧面从下往上逐渐变宽，造型极富特色，王冠的后侧远高于前侧，并向斜上方伸出一条向内弯曲的弧线，就像一根快速弹缩的触角。然而，出人意料的是，这个符号是在上埃及发现的——实际上，这是上埃及发现的唯一一件该时期的这类器物。这个形状是否在当时就已经代表着统治者佩戴的头饰，比我们所认为的要早很多呢？

当这些工艺纯熟的手工器物在埃及消失很久以后，努比亚地区仍在烧制黑顶陶器以及其他类型的手工陶器。这里的黑顶陶器在约公元前 1800—前 1650 年时发展到了顶峰，即"科尔玛陶器"（Kerma ware）。科尔玛陶器大多数器壁较薄，黑色区域逐渐穿过一条过渡的色带，然后转变为纯红色。这种装饰效果是通过黏土与矿物涂层的反应形成的。很明显，这是一种特意营造的艺术效果，创作出这类器物的陶工，都是塑造、烧制黏土的行家。

束口陶罐口沿处的残片
埃及，约公元前 3600 年
陶器，25 厘米 × 19 厘米

3

"打滑山羊"陶罐

伊朗（不确定）
约公元前 3500 年
彩陶，12.5 厘米 × 9.3 厘米

这只小罐子上绘有栩栩如生的动物形象，遗憾的是，我们并不知道它是在哪里被发现的。不过，它与公元前 4 千纪中期在伊朗制造的其他容器颇为相似。像这样的罐子，是在西临美索不达米亚平原、东临伊朗高原的山谷中，那些人类定居点里被烧制出来的。

人们在各个地区之间迁徙，在小型城镇和村庄中交易牲畜和商品。这些社群逐渐繁盛，其中一个原因是，这些人掌握着来自伊朗的木材和金属供应渠道，这是美索不达米亚所没有的资源。陶器上的彩绘装饰似乎彰显了他们的财富，因为这些彩绘极其精致考究。这些精美器物可能曾被用于特殊场合。有一部分器物是在墓葬中发现的，其中很多应与宗教礼仪或丧葬仪式有关。

与这只罐子类似的那些器物，有着较薄的器壁和画工纯熟的纹饰，其品质说明，从大约公元前 4000 年开始，陶工就已经成为专业的手艺人。他们用手缓慢转动陶轮上的陶器，然后进行烧制。工匠用深棕色的颜料描画出鸟兽和几何图案，在米褐色的坯上勾填出剪影。通常他们会选择描绘北山羊。这种动物起源于伊朗西部的扎格罗斯山脉，对该地区的人来说，北山羊也许是一个重要的符号。

在这件器物上，绘师将竖直的线条和叠摞的三角形柱饰相结合，绘于北山羊两侧，作为分隔空间的边框，这些三角形也可能代表着山峰。罐子的另一面重复了这一布局。整体的纹饰偏风格化，却一点也不呆板，这归功于绘师在刻画山羊时，呈现的动感和生命力。这只动物长长的羊角呈波浪形，从身体上方延伸到罐子的口沿处。该形象最引人注目的亮点便是北山羊向前伸出的四肢。带有这种装饰的器物，有时会被形容为呈现了一头"打滑山羊"。

斜沿碗

伊拉克
约公元前 3100 年
陶器，16 厘米

尽管在阿什莫林的馆藏中，这并不是最吸引人的一只碗，但它能够帮助我们了解在世界上最早的那些城市里，生活是什么样子的，包括当时人类的饮食习惯和社会秩序。考古学家称之为斜沿碗，年代为公元前 4 千纪。

在遍布于美索不达米亚（今伊拉克和叙利亚东部）及其周边地区的遗址中，发现了数千只这样的碗。这一时期，轮制陶器被广泛使用，用于储存物品，盛放食物和饮品，而斜沿碗则充当价廉又便利的一次性容器。它们是通过将一大块黏土压入模具制成的，模具有可能只是地面上的一个碗状的坑。在这种碗的底部，我们时常可以看到制作者的指关节留下的压痕。成形后，这些斜沿碗便被一个个地叠摞起来，放入炉中烧至硬化。

这些碗被用于转移、储存食物和其他物品，其中也包括贮存在墓葬中的供奉给逝者的祭品。不过我们认为，斜沿碗最主要的用途可能是烘烤面包。世界上有许多社群会将面包烤成一块一块的标准尺寸，这或许可以解释为什么这些斜沿碗几乎拥有同样的尺寸。在美索不达米亚，这些面包会被分发给大型神庙雇佣的工人作为配给。这些机构所在的城市周边有着大型的农业园区，机构会接受园区出产的农作物。这些作物也有可能作为奉献给神明的供品被赠予神庙，神庙收到以后，会将其派分给更大范围的社群。斜沿碗在这一过程中是非常有用的，当为工人分发其他种类的配给时，例如大麦、奶油甚至啤酒，斜沿碗可以作为标准的量器。

值得一提的是，我们能知道斜沿碗的用途，是因为一些世界上最早的文字记录中有关于它们的记载。通过用尖头小棍或芦苇秆在小块泥板上划刻，神庙的管理人员发明了一种办法，来记录农产品的库存和配给的发放，那就是用象形文字和数字符号的形式来描绘细节。

纳尔文化彩绘墓葬陶器

巴基斯坦
公元前 3000—前 2001 年
彩陶，8.9 厘米 × 15.3 厘米

在印度次大陆发现的史前时代陶器中，纳尔文化彩绘墓葬陶器是最迷人和少见的器物类型之一。胎体呈发黄的米色，有时微微透粉，再以黑色或深灰色的颜料，在器物的天然表面上绘制纹饰。这些器物还会用红色、蓝色或黄色的颜料，饰以重复的纹样。对这些颜料的使用，令纳尔彩陶在史前陶器中脱颖而出。制作者通常用自然写实风格的鱼纹和北山羊纹来装饰这类陶器。

和史前时代的其他发现相比，这类器皿的器形也很不同寻常。它们造型多样，有圆盘底的敞口碗，还有细口圆底的椭圆或折棱形器皿。有的罐子带有圆盘底，器形类似直筒，但器壁略微向外撇。还有一些龙骨形容器——它们有着圆形器底，与上丰下敛的器壁相接。还有的器物为平底筒形，并带有圆形的直边口沿。纳尔陶器的底部经过修足（待黏土干燥后将表面处理平滑），通常有着细致的收尾。

配图中的三件容器，装饰风格相近，它们的器壁中间都有一圈带饰，饰有类似希腊字母欧米伽的图案，这是纳尔陶器上最常见的纹饰之一。我们也频繁见到由斜线分割成三角形的饰带，或是半圆形图案点缀的饰带。考古学家还经常记录到一种复杂的几何纹饰，如第 32 页展示的实例，这种纹饰通常以一个六边形图案为中心，周围饰以边框和圆形的隆起，向六边形的各个方向散射。这些圆形的隆起部分，明显是在烧制之前就贴在了湿润的坯体之上。尽管只是起到装饰性的作用，但这个设计可能是在模仿金属器原型。纳尔陶器的器形和纹饰，证明了在数千年以前，便已经存在精密成熟的金属加工、开采和冶炼技术。

几何纹样碗
巴基斯坦，公元前 3000—前 2001 年
彩陶，8.7 厘米 × 14.1 厘米

纳尔文化彩陶碗
巴基斯坦，公元前 3000—前 2001 年
彩陶，部分施釉或未施釉，8.1 厘米

四轮战车模型

伊拉克
约公元前 2950—前 2575 年
粗陶，11.6 厘米 × 12 厘米

　　这件四轮战车模型，是利用泥浆和棕色织物，经手工塑造而成的。其表面的部分区域较为斑驳，同时还有经过修复的痕迹。制作者在收尾时，将表面和边缘处理平滑，使用的工具可能是锋利的刀片。

　　小型的陶制战车模型在伊拉克南部的很多遗址中均有出土，年代为公元前 3 千纪中期。这个时期，该地区分为多个城邦，每个城邦的君主都在争夺对领土和贸易的统治权。因此在这个时期的图像中，战争主题屡见不鲜。一些浮雕装饰描绘了手持长矛的步兵军队，还有乘坐在战车上的掷矛兵，这些战车由一对一对的驴子驱动。我们知道有双轮战车式样的烤制陶土模型，不过这种四轮战车也经常出现于战争场景中。

　　这辆战车由手工塑造，以红色颜料装饰，出土于基什一处宫殿遗址的残垣之中，基什在古代美索不达米亚文学中颇为有名，被认为是"天降王权"的地方（见第 58 页）。这辆战车的构造类似一个盒子，盒子的上方开口，以供车夫乘坐。车夫手握缰绳，缰绳从车前侧挡板上方的小孔穿过。模型前方更靠下的部位，有另一个孔，用来穿过拴驴的木杆。车夫的身旁应当伴有一位掷矛兵，他的武器会放置在战车前方左手边的双孔箭筒中。模型有四个实心的车轮，由后经修复的轮轴固定在车身之上。如果这是一辆真实的战车，这些车轮应当是木制的。考古学家还发现了一些微缩的陶制人像和动物像，其中一些可能便与这些战车有关。经常与这些塑像一起被发现的，还有一些圆柱形石制印章、印纹陶和泥板书，这表明这些塑像或许曾经在管理城邦资源方面发挥过作用。

陶牛

巴基斯坦
公元前 2500—前 2300 年
粗陶，5.4 厘米 × 9.2 厘米 × 3.5 厘米 & 3.5 厘米 × 6.5 厘米 × 2 厘米

考古学家在印度河文明遗址只发现了极少量的人物塑像，却发现了大量的粗陶动物塑像。通常，这些是牛科动物，比如公牛、水牛和瘤牛。有些塑像的头部可以活动，由一根栓子固定在身体上。这些动物经常成群结队地拉着一辆玩具车：图中动物的颈部有一处凹陷，这可能是用来架住轭具的位置。

由于这些动物的蹄部或是底盘处有时会有孔，我们猜测，它们曾经可能是带轮子的玩具。在印度河文明遗址发现的其他动物还有公羊、猴子、大象、龟、猫科动物、犀牛、捻角山羊（野山羊）、狗和野兔。我们并不知道它们曾经的用途。

我们认为，在哈拉帕地区出现车的迹象，最早可以追溯到公元前 3700 年。这些动物驱动的车舆模型制作得非常逼真，推测为玩具。这类物件的大量出土，反映了车在这一时期的重要性。考古学家在哈拉帕遗址发现了一些十分忠实于原型的车舆模型，展现了当时人类使用的各种类型的车。有些车是为了追求速度而设计的，而一辆带有底座的四帷柱华盖车，则可能用于仪式场合，或者像轿子一样为乘坐者提供遮蔽。车不仅可以运载人员，还能运输物品。它们在当时无疑被视为一门重要的技术，因为它们可以运输货物，例如用于建造城市的砖，还有供给当地居民的粮食。

我们相信在哈拉帕文化中，公牛在仪式中拥有重要地位。公牛角经常被用作陶器的纹样和瑜伽士的头饰。在印度河印章上有一种常见的图案，是一头带有装饰的牛科动物，它经常被称为印度河"独角兽"。在农业经济中，看到形似公牛的玩具并不稀奇，因为这些动物备受重视，也是最常见的家畜。

在印度神话中，公牛是男性气概的象征。印度教主神之一湿婆的坐骑便是一头公牛，名为瓦利沙巴（Vrishabha，"白公牛"），有时也被称为南迪（Nandi，"喜悦"）。在一个古老的传说中，女战神杜尔迦（Durga）和水牛怪摩西沙修罗（Mahishasura）

交战并取得胜利。我们知道，牛科动物自古便被用于仪式献祭。

因此，这些物件也许并不只是游戏筹码或是玩具——它们很有可能具有仪式用途。若将它们与埃及出土的船类墓葬供品还有中国汉代墓葬中的马俑进行对比，我们可以推测，这些车也许曾是陆地居民用来将灵魂送往来世的媒介。我们唯一可以确定的是，数千年来，从公元前3300年以前印度河文明初始之时，到公元前2世纪的后孔雀王朝时期，整个印度次大陆都在制作这类动物塑像和它们所驱动的车舆模型。我们可以观察到的是，这些动物在塑造时被赋予了强烈的感情色彩，与同一时期刻画人物时的风格化形式大相径庭。

"在印度神话中，公牛是男性气概的象征"

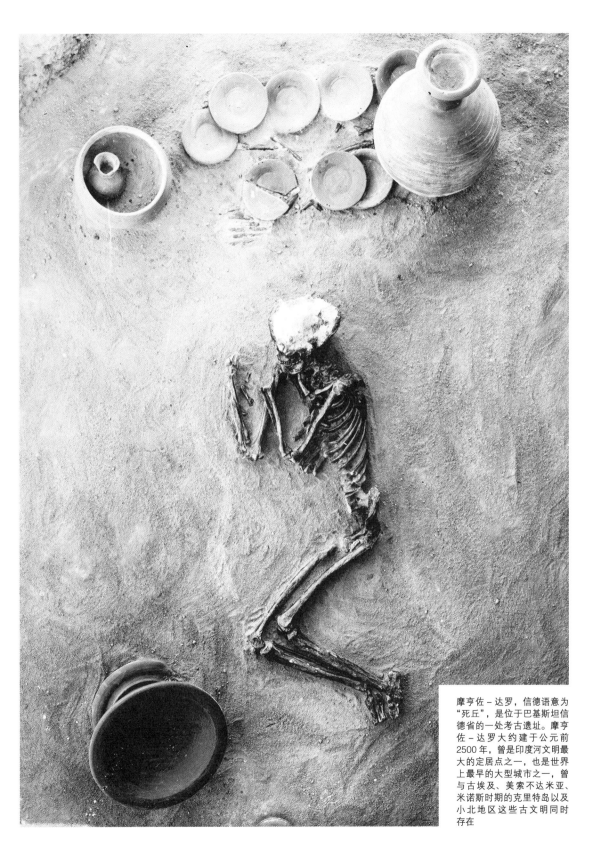

摩亨佐－达罗，信德语意为"死丘"，是位于巴基斯坦信德省的一处考古遗址。摩亨佐－达罗大约建于公元前2500年，曾是印度河文明最大的定居点之一，也是世界上最早的大型城市之一，曾与古埃及、美索不达米亚、米诺斯时期的克里特岛以及小北地区这些古文明同时存在

8

印度河文明陶罐

印度
公元前 2500—前 1900 年
粗陶，10.2 厘米 & 31.7 厘米

大约 4000 年前，这些印度河文明陶罐中的绝大多数，是在快速陶轮上制成的。器形更为复杂的器物（例如带有底座的高足盘和非常大的罐子），则是先将局部分别进行轮制，再用潮湿的泥浆将它们衔接在一起，然后进行烧制。

在个别遗址中，考古学家发现了带有地下燃烧室的竖穴窑炉，窑顶是可以吸收热量的多孔砖。这些窑炉只能容纳小型器物，因此，它们曾经一定是与更常见的印度坑烧或露天堆烧窑搭配使用的。我们认为，那些大罐和大坛的圆形器底，可能是用杆子或砧子捶打延展而成的。直到今天，印度的圆底水罐仍然是用这种方法制作的。

考古学家发掘出了许多不同尺寸的这类长罐，图中所示便是一例。通过器形判断，其用途可能是储存物品。有些专家推测，如果用薄纱棉布做内衬，这种罐子可以用来为酸奶增稠，或是用于处理其他奶制品。还有一些人提出，这些罐子可能曾经是垃圾桶，可以用来沥掉水分、积攒堆肥。这些罐子甚至曾与一些涉及过滤物质的仪式有关。

我们对印度河文明陶器的了解有限，这是因为如今的数据收集和分析流程，已与这些遗址刚发掘时截然不同。现在，我们甚至会赋予数据不同的价值。而在 1920 年代和 1930 年代的时候，对摩亨佐－达罗、哈拉帕和旃符达罗的早期发掘中，找到了大量的陶片和器皿，却并没有进行充分的量化研究，去辨析各种纹样、组合和关联。尽管如今我们知道，不同种类的容器是从遗址的不同区域发现的——因为每一件陶器都有特定的用途，被特定的社群，甚至是不同种族的人使用——但是，这些细节通常并没有被系统化地记录下来。如果想要更深入地了解这些器皿，我们需要依靠学者们的研究，他们已经在尝试重新开启和探究最初的发掘过程。

9

陶狮

埃及
约公元前 2325—前 2175 年
陶器，42.4 厘米

　　这件陶制塑像刻画了一头狮子，它立于椭圆形底座上，是在一处神庙的围院中，和存放皇家雕塑的储藏室一同被发现的。神庙位于希拉孔波利斯（Hierakonpolis），那里是古埃及早期的宗教和历史中心，这件藏品是一例少见的现存古埃及陶制塑像。

　　塑造、烧制大型陶塑的这一过程，给制作者带来了极大的艺术性和技术性的挑战。创作者刻画这头狮子时，将写实化与风格化融合在了一起。野兽的面部和健壮的身体生动逼真。同样写实的还有它的爪子，脚趾弯曲静置，利爪却蕴含着强大的攻击力。不过，狮子的鬃毛却以几何风格表现。狮子面部周围的一圈毛发与耳朵相接，形成一个圆形，狮子前胸垂下的毛发，则呈现为一块类似围兜的方形。从比例上看，狮子的身体相对于头部来说比较小，也许这是黏土这种媒介的工艺局限造成的，但从整体效果来看，制陶人完成了一件尊贵、雄健、威严的杰作。之所以会为狮子加上一个椭圆形的带沿底座，可能是出于技术和功能的双重考量。

　　狮子在古埃及是具有重要意义的一种动物，它代表着王权、守护和凶猛。这种大型猫科动物甚至曾经被法老们当作宠物饲养——拉美西斯二世（Ramses II）和图坦卡蒙（Tutankhamun）均有宠物狮子陪伴在旁的图像存世。一对狮子通常会担当入口处的守卫者，在神庙中，狮子雕塑也起到相同的作用。大英博物馆的普拉德霍狮（Prudhoe Lions）便是绝佳的实例，那是一对埃及第十八王朝的红色花岗岩雕塑。和这尊陶狮一样，普拉德霍狮的造型也是抽象和写实两种风格的结合。这尊陶塑曾经有可能还有一个同伴——发掘者在遗址的其他区域，找到了另一尊陶狮的残片。这两尊陶狮也许曾经负责镇守这座神庙。

10

粗陶祈愿塑像

克里特岛
约公元前 2100—前 1090 年
粗陶，19 厘米 & 13 厘米 & 17.2 厘米

    史前时期的克里特岛拥有一项古老传统，那就是用黏土来制作人形和动物的塑像。最古老的一批塑像，是在克里特岛的中部，克诺索斯遗址的新石器时代早期堆积层中被发现的。

    这些塑像是在公元前 7 千纪时，由岛上最早的一批居民制作的。而这里展示的几件塑像则要晚得多。它们制作于克里特岛的青铜时代，也被称为米诺斯时期，是英国考古学家阿瑟·埃文斯爵士（Sir Arthur Evans）以神话中的国王米诺斯（Minos）命名的。在米诺斯时期，岛上各处的器物和建筑都很类似，而这几例是典型的米诺斯时期塑像。

    两尊男性塑像都是在克里特岛东部的佩措法斯（Petsophas）遗址发现的，佩措法斯是一处山顶圣所，从那里可以俯瞰米诺斯的沿海小镇——帕拉伊卡斯特罗（Palaikastro）。1903 年，约翰·迈尔斯（John Myres）首次发掘了佩措法斯，他发现了一座石构建筑，建筑周围是成堆的人形和家养动物的陶塑。迈尔斯是一名经验丰富的考古学家，他当年到访帕拉伊卡斯特罗，是由于那是他邮轮派对行程的一部分。然而，正如此次发掘工作的负责人罗伯特·卡尔·博赞基特（Robert Carr Bosanquet）在当年的发掘报告中所记录的，迈尔斯"被说服，摒弃了奢华的海上旅行，换来的却是考古发掘工作者的艰苦条件"。在迈尔斯的发现之后，克里特岛上又陆续找到了更多的"山顶圣所"：在高处发现的成堆塑像。这些圣所可能是作为周边农业耕地的一个仪式中心，因为考古学家在里面找到了大量的动物塑像，尤其是牛。人形塑像经常做出特定的手势，通常手肘向外，或是手臂抬起。我们可以将其理解为一种祈祷的手势。图中所示的男性塑像均身着遮阴布，这是一种典型的米诺斯服饰，其中一尊塑像的腰带处还别着一把短剑。

    图中的女性塑像看上去和另外两尊颇为相似，然而其制作时间晚了约 500 年。

这尊塑像是在克诺索斯的一座神庙中找到的，这座神庙建在一座青铜时代的宫殿废墟之上。这些佩措法斯的塑像均为手工制作，不过女性塑像的裙子部分为轮制，裙子上的横条纹与一些同时期陶罐上的纹饰类似。制作这些塑像的陶工很有可能同时在制作容器，并且拥有进行烧制的窑炉。这些山顶圣所与农业相关，而那些出现在克里特岛曾经的宫殿遗址上的圣所，则可能是为了纪念米诺斯文明的重要中心，它们如今已化为废墟。尽管随着时间流逝，拜神的诉求重点发生了变化，但是拜神的形式却惊人地相似，仍旧是供奉做着祈祷手势的塑像。

（上左及前页）
佩剑男性陶塑
克里特岛
约公元前 2100—前 1700 年
粗陶，19 厘米

（上右）
祈愿男性陶塑
克里特岛
约公元前 2100—前 1700 年
粗陶，13 厘米

（上中及对页）
着钟形裙、手臂上扬的女性
陶塑
克里特岛
约公元前 1400—前 1090 年
粗陶，17.2 厘米

抛光红陶三足雄鹿塑像

塞浦路斯
约公元前 2100—前 1850 年
陶器，16.8 厘米 × 12.5 厘米 × 7.5 厘米

除寻常的碗、罐和壶以外，古代塞浦路斯的陶工还会制作动物或人形的容器和塑像。在早期（或从大约公元前 5500 年的新石器时代开始），这些器物一直是手工制作的，不过从大约公元前 1200 年开始，它们也会由陶轮来制作。

通常，这些容器和塑像以同样的颜色和纹饰来装饰，并在同一座窑炉中烧制。在公元前 3 千纪晚期和公元前 2 千纪的时候，这类塑像保留了日常陶制器皿的器形和特点，尽管它们并没有真的被当成杯子或罐子之类的容器来使用。

这头雄鹿是容器－塑像混合体的完美范例。它制作于青铜时代早期的塞浦路斯（前 2300—前 1900），是一件抛光红陶，即这个时期最主流也最精致的一类装饰陶器。这类陶器的特点是一层经过抛光后润泽的红色化妆土，还有刻画和戳刺的装饰图案，通常会以一种白色石灰浆进行填充，来突出纹样。器物的不同部位添置了小巧的弧形把手。唯一能辨别这尊塑像是一头雄鹿或小鹿的特征，便是那对做工粗糙的鹿角。鹿的身体形状是一个略微倾斜的球形瓶，使小鹿看起来圆鼓鼓且重心前倾。它立于三个小墩子上，与现实中修长的鹿腿毫无相似之处。这头雄鹿空心的颈部之上顶着脑袋：竖直方向的带孔弧形把手代表鹿的口鼻，周围刻画的一个个圆圈代表鹿的眼睛。将头部两侧的黏土微微向外拉扯，来表示鹿的耳朵。鹿角是独立制作的，然后固定在头顶，这原本应该是瓶口的位置。原来的瓶口已经所剩无几，只剩下一个几乎注意不到的杏仁形小孔，夹在两只鹿角的根部中间。它是没办法作为瓶口使用的——唯一的作用便是作为通气口，避免这件空心塑像在烧制过程中炸裂。

与所有已发现的抛光红陶一样，这尊被妥善保存下来的雄鹿塑像是从墓葬中找到的，它原本应该是一件随葬品。

多孔克诺斯容器

希腊
约公元前 2300—前 2100 年
彩陶，32 厘米

克诺斯（kernos，复数为 kernoi）是一种陶制器皿，上面固定着更小的容器，这些小容器通常会围合成圆形。这件克诺斯是格外复杂的一例。15 只筒形小瓶组成的外圈，包围着另外 10 只小瓶组成的内圈。一只稍大的球形器皿坐落在中心。

容器的每个部分都是手工制作的：直到青铜时代早期（约前 3000—前 2000）之后，陶轮才传到希腊。这件克诺斯容器的装饰者投入了大量精力。他们将一层白色化妆土覆盖在颜色偏红的本地黏土之上，然后用哑光的黑色颜料添绘各式各样的几何图案。斜线纹营造出动感的效果。在器物烧制之前，先后在不同步骤施用化妆土和颜料。只有技艺极其纯熟的陶工，才能烧制出一件如此大而复杂的器物。

这件克诺斯容器，属于公元前 3 千纪的基克拉迪文化。这一时期，爱琴海的基克拉迪群岛内部各岛屿间建立了贸易联系，从而发展出了更为复杂的社会，并随之生产了一系列装饰性器物。其中最有名的当属基克拉迪的大理石雕像，用独特而简化的风格刻画人体。这些雕像广受青睐，从 20 世纪开始至今，它们启发了许多艺术家，包括阿梅代奥·莫迪利亚尼（Amedeo Modigliani）、芭芭拉·赫普沃斯（Barbara Hepworth）和亨利·摩尔（Henry Moore）。

在公元前 3 千纪时，黏土是匠人们用来探索不同器形和装饰的另一种材料。米洛斯岛上的费拉科庇（Phylakopi）是这一时期重要的制陶中心。考古学家在费拉科庇找到了与这件器物装饰风格相似的器皿，其中就包括克诺斯容器。我们不清楚这件器物是在哪里被发现的，因为在它进入阿什莫林的收藏前，曾经属于一组 19 世纪的收藏，但是它有可能来自米洛斯岛。因为它并没有破损，我们可以猜测，它也许是在墓葬中被发现的，但是千百年来，收藏基克拉迪文化文物的藏家们满腔热忱，只为如今的发掘工作留下了极少几座保存完整的墓葬。

我们不知道基克拉迪群岛的人们用这些器物做什么。在希腊古典时代晚期，与

之类似的器物，曾经被用来盛放宗教祭品，尤其是收获时节的第一批果实。这件克诺斯容器在刚被收入阿什莫林的时候，在其中部分小瓶里面发现了一些植物残留和花卉种子。因此我们可以推断，它曾经在一座维多利亚时代的乡村宅邸中充当花瓶。不过巧合的是，这些种子同样可以作为线索，提示我们这件精美复杂的容器在远古时代的可能用途。

苏美尔王表

伊拉克
约公元前 1800 年
泥板，20 厘米 × 9.1 厘米

　　这块烘烤过的泥板上刻有八栏密密麻麻的楔形文字，这些文字据称罗列了从时间原点开始的各个城市以及它们的统治者。王表由渊博的学者创作而成，表明整个美索不达米亚（今伊拉克）长久以来都是由单一城市统治的——尽管并非一直是同一个城市。

　　这个说法其实并不属实：美索不达米亚经常分裂为多个独立的城邦。学者们将几个城市的王表首尾相接，从而我们得知，实际上一些君王的统治期是有所重合的。

　　该王表旨在展现城市的演替和它们的统治者名单，从时间的原点开始，一直到大约公元前 1800 年为止，也就是这一版本的王表的编纂时间。誊抄并增订这些王表的抄书吏们，有意地创作了一部介于文学和名录之间的作品。撰写这一版本的作者，在作品的末尾处署名："出自努尔－宁苏布尔（Nur-Ninsubur）之手"。他创作的王表，是所有已发现的王表中内容最完整、保存最完好的。

　　王表起始于上古时期，神授王权"自天而降"之时，传说中，世界由一位位君王统治，有的君王统治期长达数千年。比如"在西帕尔（Zimbir），恩门杜兰纳（En-men-dur-ana）成为王；他统治了 21000 年"。而将上古时期和更近的历史时期分隔开来的，是一场大洪水："后来，大洪水来临。"抄书吏写道，在洪水席卷而过，王权"自天而降"之后，王权来到了基什。我们可以将他的意思理解为，这是王权第二次由天而降，并在一座新的城市重生。

　　在那些远古传说中的君王之后，则是一些我们能在历史文献中找到对应的君王。在较为远古的名字中，不乏一些引人注目或与众不同的君王：一位牧羊人、一位渔夫、一位船夫、一位皮匠。据传还有一位酒馆的女掌柜也曾做过君王——而且她的统治时间相当长。在罗列出来的君王中，有一位是伟大的英雄吉尔伽美什（Gilgamesh），在美索不达米亚的楔形文字文献中，他在多个故事中均有出现。

流槽双耳杯

克里特岛
约公元前 1900—前 1850 年
彩陶，6 厘米 × 18 厘米

卡马雷斯陶器（Kamares Ware）源自克里特岛的青铜时代（米诺斯时期），是一种施黑色化妆土、装饰复杂精细的陶器风格。这种陶器的名称源自它最初被大量发现的地点：位于克里特岛南部的卡马雷斯洞穴。

卡马雷斯陶器的考古价值是在偶然中被发现的。1893 年，英国考古学家约翰·迈尔斯偶然到访伊拉克利翁的博物馆时，一位克里特岛的村民带来了来自卡马雷斯洞穴的陶器。迈尔斯意识到，自己几年前曾经在埃及一处叫作拉罕（Lahun）的遗址，协助发掘到了同一类型的陶器。这一认知对爱琴海地区的考古发展意义非凡：可以运用成熟完善的埃及年表，来判定这类陶器的年代。这一发现还证明，在公元前 2 千纪初期，也就是古埃及的中王国时期以及克里特岛的米诺斯中期，克里特岛和埃及之间是存在贸易往来的。

直到 1900 年，克里特岛才开始进行大规模的考古发掘。英国和意大利的团队开始发掘两组建筑群，并将其称为"王宫"——发掘工作集中在岛南部的费斯托斯和北部的克诺索斯，这只陶杯便是在此地被发现的。两座王宫均出土了大量卡马雷斯陶器。因为这些陶器与埃及有关，考古学家得以根据它们来判定其所在地层的年代。这意味着这类陶器可以作为其他考古发现的断代参照物。在公元前 2 千纪的开始，这些王宫出现的同一时期，这类施有黑色化妆土的陶器被烧制出来。在该场地举行仪式的时候，它经常会作为饮器或是盛倒容器使用。

卡马雷斯陶器的器形，尤其是它那极薄的器壁和润泽的黑色化妆土，在设计时可能是为了模仿银制器皿（银器经锈蚀后会迅速变黑）。这一理论在这只陶杯上得到了清晰的验证，此器的口沿褶皱繁多，极难使用黏土烧造。这种光润的黑色表面，需要在极高温度（大约 900℃）的还原性气氛下烧制，才能使化妆土发黑并形成富有光泽的表面。同样的工艺经过完善后，被运用在希腊的黑绘和红绘陶器之上。

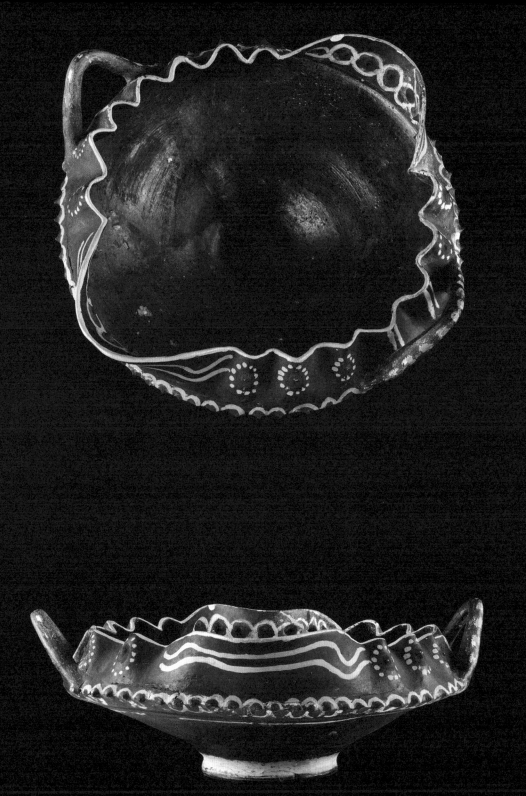

15

来通杯

克里特岛
公元前 1600 —前 1450 年
彩陶，35.4 厘米

这只彩陶来通杯是在新王宫时期（前 1750 —前 1500），米诺斯王宫的陶器生产达到鼎盛时制成的。这一时期是米诺斯文明的黄金时代，宏伟的克诺索斯王宫在此期间经历了大规模的扩建。

类似的来通杯经常会出口到塞浦路斯、基克拉迪群岛、埃及以及迈锡尼文明下的希腊本土。这种器形与巡游和宗教崇拜活动相关。

来通杯是一种带孔容器，用于倾倒祭祀神明的液体祭品（libations），如酒、奶、血液或芳香精油。来通杯有各式各样的器形和尺寸，不过这一只可能是最为常见的一个类型。其器身呈锥形，顶部有一柄，确保它可以被稳稳端住。在克诺索斯的湿壁画和底比斯的雷克米尔墓（Tomb of Rekhmire）中，都能看到与之非常相似的容器。这些绘画可以帮助我们了解来通杯在古代是如何被携带的，以及它们的重要性。最近，考古学家在锡拉岛的阿克罗蒂里（Akrotiri）遗址发现了一只彩绘壶，器身描绘了在青铜时代的爱琴海地区，用一只来通杯倾倒液体的画面，这是已知的唯一一幅此类题材的图像。图中描绘了两位青年，将液体倒入一只锥形来通杯，来通杯则将液体导流至二人中间的一株神圣植物上。

环绕器身上下的一圈圈纹饰，更加突出了这只来通杯的长度。倒悬的三瓣花卉可能为番红花。花朵与虚线构成的半圆形吊饰相间，悬挂在一圈水平方向的圆点装饰上。这段纹饰与另一段蜿蜒的曲线装饰相间，曲线上每个圆弧的中心都点缀着一枚圆点。仔细端详那圈花卉带饰，我们会发现，它与阿克罗蒂里遗址的同一处宅邸内，一面微型湿壁画中的装饰船只上的花环有着相似之处。在爱琴海青铜时代的船只上，有一种为保护权贵乘客的隐私而设立的临时轻型墙面（ikria），专家们在这种墙面上也看到了这类花环。这些联系可能表明，这只来通杯与海上生活有关。

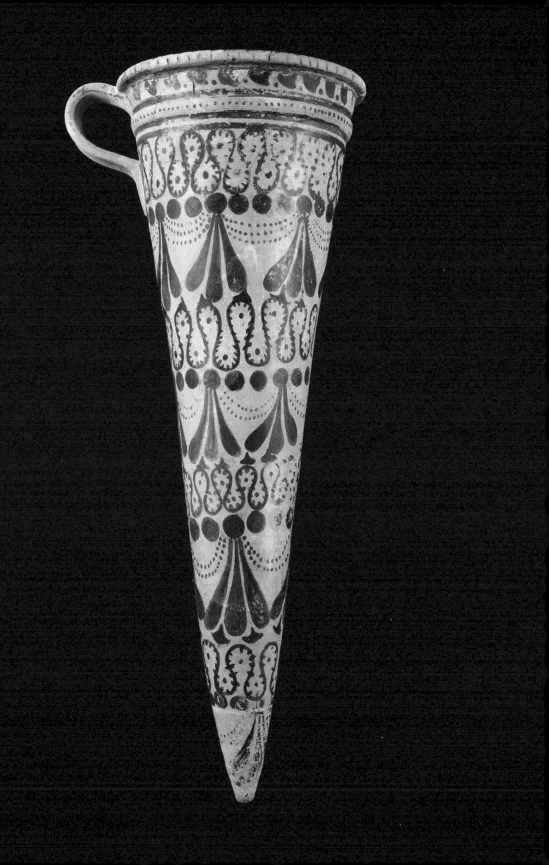

16

毕托斯陶罐

克里特岛
约公元前 1700 —前 1400 年
陶器，139 厘米 × 88 厘米

这只大储物罐名为毕托斯（pithos，复数为 pithoi）。在青铜时代的克诺索斯王宫的储藏室中，找到了数百只这类陶罐，此罐便是其中之一。器身装饰着一圈圈浮雕饰带，有时被认为与绳索比较相似，上面还饰有圆形"奖章"。

罐身带系应是用于穿绳，以移动毕托斯罐到相应位置，这或许是选择这种装饰的原因。制作这些大型容器的陶工，会通过一圈圈缠绕黏土条来堆造罐身，然后在其四周添置燃料，逐一烧制。无论塑造还是烧制，都是颇具挑战性的工作，需要一定技巧。

从公元前 1900 年开始，克里特岛各处建造了许多宫殿，但是在大约公元前 1450 年时遭遇了大面积破坏，唯有克诺索斯王宫尚存。从这个节点起，克诺索斯与希腊本土的迈锡尼文明有了明确的联系。

1870 年代，在克里特岛业余考古学家米诺斯·卡洛凯里诺斯（Minos Kalokairinos）的一次发掘中，第一批毕托斯陶罐在克诺索斯重见天日。由于这一发现，直到阿瑟·埃文斯爵士 1900 年的发掘前，该遗址都被称为"Ta Pitaria"（毕托斯之境）。埃文斯（1884—1908 年担任阿什莫林藏品负责人）为保障在王宫进行发掘的权利，于 1894 年买下了这片土地的一部分，并于 1900 年购买了剩余部分。彼时的克里特岛刚独立不久，当地政府也支持考古发掘。在卡洛凯里诺斯于王宫遗址进行发掘的同一地点，埃文斯继续发掘，不久后他便发现了更多的储藏室和毕托斯陶罐，其中便包括这一只。

这只巨大的毕托斯陶罐，容量约为 550 升。这说明克诺索斯的西仓库，也就是沿着王宫西面墙壁的 19 间储藏室，曾经为王宫提供了超大规模的仓储空间。这只大罐原本应该装满了农作物，可能是谷物或橄榄油，这也向我们透露了王宫里曾经发生过的一切。谷物应该是用于养活宫殿里的劳动者的，据同样发现于克诺索斯、以线形文字 B 书写的泥板记载，王宫中的许多劳动者都是纺织工人。而居住在宫殿中的人们使用橄榄油，应该是作为宗教祭品或是为了制造芳香精油。

17

巨石文化带钮小盖罐

印度
公元前 1500 年
黑红陶，14.5 厘米 & 11 厘米 & 13.5 厘米

　　黑红陶是在古印度文明遗址中，最常被发掘到的一类陶器。这些容器有着深色的内壁和口沿，红色的外壁表面也时常点缀着黑色斑纹。除了图中的这些中小型器皿，考古学家还经常能发现一些更大的手工制造的纯红色容器，它们被用来储存谷物或水，或是被用作棺椁。

　　一般来说，小型器皿包括盘子、盖碗、高足碗、郁金香造型的花瓶、圆锥形容器以及不同尺寸的罐子。这些器物通常有着圆形、逐渐收窄或是圆锥形的器底，可以安稳地放置于与它们配套的大量环形支架上。

　　它们的盖子尺寸很合适：有些盖子较高，呈锥形，盖子顶端带有一个钮饰（作为收尾的装饰物），还有一些则是浅腹碗，可以用作啜饮杯。总体来看，这些罐子均为轮制，它们以一种质地细腻、研磨精细的红土为原料，烧制出一种特有的润泽表面，上面通常会随机形成一些红色和黑色的斑纹。这些罐子上鲜少经过彩绘，却不失装饰；它们的制作者会在器物的表面刻画出简单的线条，施化妆土（液态的泥浆）后进行磨光处理，最后才进行烧制。一些比较少见的器物上带有盐釉的痕迹：通过在烧制过程中添加盐粒，以打造出肌理质感。

　　许多类似的罐子上还有涂鸦的痕迹。这些印迹尚未得到破译，但其中有些元素一遍又一遍地出现，比如婆罗迷文字母"ma"，还有不同样式的斜线。这些印迹有些神秘。它们是在烧制之后才划刻上去的，因此不太可能是陶工的落款。我们也知道，这些并非器物主人的印迹，因为在不同墓葬和遗址出土的器物上，发现了相同的涂鸦。同样的印迹也出现在不同器形和尺寸的器物上，而这些器物显然有着不同用途，如此看来，这些印迹也不大可能是用来标注容器内盛放的物质的。

　　在印度一些最古老的遗址中，均出土过这样的陶罐：哈拉帕、洛塔（Lothal）、朗布尔（Rangpur）、洛支第（Rojdi）以及苏尔科塔达（Surkotada）。然而，这些器

物与兴盛于 3500 多年前的印度半岛巨石文化关联最为紧密，那里也是图中这些陶罐的发源地。这些陶罐大多来自在东南部地区遗址进行的发掘项目，这些项目是由海得拉巴一位政府卫生官员 E. H. 亨特医生（E. H. Hunt，1874—1952）主持的。与众多对考古感兴趣的人一样，他对该地区的铁器时代巨石墓葬感到着迷。

　　在印度各地都发现了铁器时代的墓葬，而且这些墓葬涵盖了广泛的时间维度。这些墓葬从远在克什米尔北部的布尔扎霍姆（Burzahom），到德干高原北部的坎德什（Khandesh）/ 马哈拉施特拉邦，还有恒河流域南部的山峦地区〔如阿拉哈巴德地区的科蒂亚（Kotia）〕都有发现。不过，数量最多、种类最繁的墓葬位于印度南部。尽管一些最令人惊叹的巨石墓葬群是在喀拉拉邦发现的，但大多数分布在泰米尔纳德邦和卡纳塔克邦，而且在安得拉邦尤为集中。我们认为这说明定居的铁器时

黑红陶罐
印度
公元前 1500 年
高 14.5 厘米（左）
高 11 厘米（中）
高 13.5 厘米（右）

代文化的年代应该是在公元前 1500 年至公元前 200 年。事实上，阿什莫林的其中一件藏品经过热释光测年法检测后，测出的年代也证实了这一断代。检测判定这件藏品烧制于 2200 年到 3400 年前，即公元前 1600 年至公元前 200 年。

我们很难理清巨石墓葬群的年代次序，因为许多不同种类的巨石墓葬群似乎同时出现，并且位于相同的地点。考古学家并未在所有的巨石墓葬群中找到藏骨穴，已被发现的藏骨穴则由数间尸骨室构成，每间安置一具或多具尸骨。有时，遗骸被放置于骨灰坛或是大型粗陶沟槽中。这些墓葬中通常备有铁器，例如工具、武器、容器、支架和三脚架以及蚀花肉红石髓珠。有时还会有金属器：青铜器、铜器和金器。几乎所有墓葬中都有黑红陶器。这些墓葬物品可能是为了供来世使用而准备的。

18

章鱼纹罐

克里特岛
约公元前 1450—前 1400 年
彩陶，74.5 厘米 × 54 厘米（经修复）

这只令人叹为观止的罐子，高近 75 厘米，肩部有三系，器身绘有一只六爪章鱼，在抽象的海洋景观中畅游。1911 年，当时独立的克里特岛（1913 年并入希腊）将此罐送给了阿什莫林。这只大罐是阿瑟·埃文斯爵士在克诺索斯王宫的发掘中发现的。

埃文斯将他在该地区发现的文明称为米诺斯文明，这个名字取自神话传说中的米诺斯国王。除了在储藏室中发现的那些毕托斯陶罐（见第 64 页），他还找到了这只章鱼纹罐。在王宫遭遇那场灾难性的大火并因此被摧毁的时候，宫殿的上层坍塌，使这只大罐坠入了储存毕托斯陶罐的地方。

在米诺斯艺术中，长期以来便有描绘章鱼和其他头足类动物的传统，比如印章、湿壁画以及首饰上均可见到。最值得一提的是，一件来自克诺索斯王宫的石器上，也出现了一只章鱼——被称为"潜伏章鱼"（Ambushed Octopus）的浮雕，因为它身处珊瑚丛生的水下场景，并正向外凝视。约公元前 1600 年时，锡拉岛遭遇了毁灭性的火山爆发，这影响了克诺索斯王宫的贸易和生产。从那以后，与"潜伏章鱼"类似的设计便被转绘到了彩陶上，因为与石头相比，陶土更容易获得，作为材料也更容易加工。这类纹饰被称为"海洋风格"，可以称得上是克里特岛在青铜时代生产的最有名的一类陶器。尽管图中这只罐子的图案是以章鱼这种头足类动物为主题，它却不属于"海洋风格"，而是属于考古学家口中的"宫殿风格"。这种风格对应的年代，是克里特岛受到迈锡尼文明影响的时期。在年代更早的米诺斯艺术中，对章鱼的刻画更为写实，相比之下，这只章鱼则较为风格化，尤其是它触角的数量。尽管刻画手法不那么逼真，但这只动物圆瞪的双眼和蜷曲的触腕却令它看起来栩栩如生。海绵图案背景和罐子肩部浅浅勾勒的一只骨螺——这种骨螺可以用来制作紫色染料——同样令人联想到大海。这只罐子表明了大海对这座王宫的重要性，不仅因为生活在王宫中的人会使用海产品，也因为海外贸易对他们的生活有着重大影响。

红陶瘤牛形器皿

伊朗

约公元前 1200—前 900 年

陶器，26 厘米 × 39 厘米

　　关于这件器皿的制造者来自哪一个文明，我们的了解非常有限。在公元前 2 千纪晚期和公元前 1 千纪早期，伊朗处于一个转折阶段。也许就是在这几个世纪中，使用伊朗语言的人群来到了这片高原，并最终统治了该地区。

　　当地人的身份特点似乎塑造了他们的生活方式。在伊朗西北部，有一种独特的制陶传统，工匠们创造了一种动物形状的空心容器。这类陶器的造型，大多数是与图中这件类似的肩峰牛（瘤牛），还有雄鹿，有的器物下面装有轮子。另外，也有一些男性和女性的陶制人物塑像，这些塑像通常手持带流容器。

　　制造了这类器物的文化被称为"阿姆拉什"（Amlash），其实就是位于里海西南角的一个集镇的名字。1930 年之后的数十年中，像这样的器皿被带到此地，售卖给古董商。几乎可以肯定的是，这些器物是从墓葬中劫掠而来的。我们能得出这个结论，是因为与阿姆拉什位于同一地区的马尔利克丘（Marlik Tepe）遗址的墓葬中，考古学家们发掘到了一些类似的器物，一同被发现的还有武器和首饰。这或许说明，这些器皿曾经是为了在祭典中使用的，并且可能与丧葬仪式相关。我们并不知道这件瘤牛形器皿是在哪里被发现的，它曲线优美，由红棕色黏土制成。与其他动物造型的同类器皿一样，牛的口鼻伸长，形成一个形似鸟喙的壶嘴。来自同一地点的同时期金属容器中，也有具备这一特点的相似例。

　　如果我们将这头瘤牛与真实的动物比较，很明显它的肩峰非常夸张。它的制造者可能试图在传达一种强壮而富于力量的感觉。肩峰上装饰的图案是五个印刻的圆圈，除此之外还有两个圆圈表现瘤牛的眼睛。制作这件器物的人没有留下文字记录，而且在这一特定时期里，周边区域的记录中也没有提及过这一地区。想要了解这种憨态可掬的动物塑像到底起源于何种文明，只能依靠未来的发掘工作找到答案。

20

粗陶马形来通杯

塞浦路斯
约公元前 1100—前 1050 年
彩绘粗陶，22.5 厘米 × 37.2 厘米 × 8.5 厘米

在古代塞浦路斯及其周边的文明中，陶工制作的器皿，都是根据非常具体的用途而设计的。这只独一无二的来通杯，是为了在宗教或丧葬仪式中供奉、盛倒液体而烧造的。它的造型像是一匹短腿马，马背上侧坐着一位赤身裸体的男性骑手。

这件容器有两处隐蔽的注口或流。其中用来注满容器的口位于骑手的头顶上方，液体垂直注入，然后流经骑手的身体，进入马的体内。用来倾倒的口位于马嘴，液体先后穿过马的颈部、头部和口部。倒水者端住骑手两侧的壶柄，将器物微微倾斜，即可将液体倒出。

来通杯为轮制，骑手为手工制作，这件容器制作于青铜时代晚期的最后一个阶段，即塞浦路斯 ⅢB 晚期（前 1100—前 1050），是一件始前彩绘陶。这类陶器是彩绘白陶的雏形，在公元前 1 千纪上半叶，彩绘白陶是塞浦路斯最受欢迎的装饰陶器之一。始前彩绘白陶的特点，是在白色或乳白色表面上，用黑棕色颜料绘制图案和纹样。在这只来通杯上，马的身体和腿部饰有黑棕色勾勒的排线菱格纹和三角形图案，胸前有一个圆圈，里面绘有一颗大大的星星，鬃毛部位还装饰有锯齿状线条。

骑手赤裸着身体，他的双眼由两个小孔来表现。他的胡须、整个上半身以及大腿部分，均被涂为黑色。他的小腿处绘有一圈圈的同心椭圆形线条，这可能代表保护胫部的护具，是战士盔甲的一部分。他右手抬起，手握一个杏仁形的物体，有可能是一个瓶子，仿佛正在将瓶中物倾倒出来。顺着每只壶柄的背面一直到上方的注口，左右两边各蜷伏着一条手工塑造的蛇。

我们可以根据三条线索想象一下这件器物的可能用途。马与骑手的主题，蛇的存在——蛇自古便是死亡、墓葬和重生的标志，还有器物被保存得非常完好的事实，这三条线索都让我们相信，这是一件在丧葬仪式中用来盛放奠酒的器皿，祭典之后便留下作为逝者的随葬品，而逝者的身份很可能是一位骑手和战士。

21

桶形陶壶

塞浦路斯
约公元前 700—前 600 年
彩陶，28.5 厘米 × 27.9 厘米 × 22.3 厘米

　　这只桶形水壶是一例双色陶器（Bichrome Ware），在公元前 1 千纪上半叶，这是塞浦路斯陶工制作出的最受欢迎、装饰最精美的器物类型之一。这类器物通常会用棕黑色和红色两种颜料，描绘出具象图案和几何纹饰。器物的整个外壁施有一层化妆土，以呈现浅白或乳白的背景色。

　　这只陶壶最初制作于公元前 7 世纪，1885 年，阿什莫林从德国考古发掘者马克斯·奥内法尔什－里希特（Max Ohnefalsch-Richter）处购得。据 1884 年他在《希腊研究杂志》（*Journal of Hellenic Studies*）上发表的文章，在拉纳卡附近，有一处由许多坟墓组成的墓地，是古老的城邦国家基提翁的遗址，他是在发掘其中一座坟墓时，发现这件器物的。直到现在，在世界各地的塞浦路斯古文物收藏中，都未能找到与这只陶壶相似的藏品。在阿什莫林的古代塞浦路斯展厅中，它是亮点展品之一。

　　这只陶壶是独一无二的，首先是因为其器形实属难得。不过最引人注目的是它的另一个特质：丰富的彩绘装饰。这一时期，塞浦路斯的陶工和瓶绘师在器物上描绘过的所有具象图案，在这件器物上几乎都有所展示。与同时期数量更多、纹饰更传统的双色陶壶相比，这只陶壶非常不同。这些双色陶器的器身通常为卵形或球形，口沿呈三叶草形（类似三个圆环交叠在一起的形状）。不过最明显的一点是，其他陶壶的器身通常只描绘一个至两个图案，比如一只鸟或是一朵花。这些图案不受拘束地点缀在空白朴素的器物表面，因此这种装饰工艺被称为"自由域风格"。

　　这只陶壶却有所不同。它的器身表面充斥着各式各样重复的、对称排列的图案。器身正面较宽，上面绘有一棵树，这棵树高度风格化，却异常精美，树干装饰着玫瑰花结和卷曲的棕榈叶。树的两侧各有一头栩栩如生的雄鹿，正在啃食叶子，它们的上方盘旋着两只带有羽冠的水鸟（可能为鹮类），这种构图与纹章的位置排列有些相似。器身两侧呈现了将这一构图的简化版本，绘有向上攀爬的雄鹿，只是

缺少了鸟。另有一棵更小的树，填补了壶柄下方的空白。

　　公元前 1 千纪时，在古代近东地区和塞浦路斯发现的陶器和其他器物，已经广泛证实了（或时常见到）所有这些纹样的存在，包括"生命之树"（无论是否含有动物元素）。这些纹饰寓意着草木、动物以及人类的生命、丰茂和繁衍。在如此干旱的地区，经常整个夏季连续数月都没有降雨，所有生物都严重依赖降雨和可利用的水资源。在塞浦路斯器皿中，饰有这些纹样的都是水壶，这并非偶然，因为水壶就是用来盛装这种宝贵液体的。

　　制作这只水壶的人，一定是一位匠心独运的陶工兼绘师，并身居古老的城邦国家基提翁。居住在基提翁的大部分是腓尼基人，从公元前 9 世纪开始，他们从位于黎巴嫩附近的家乡迁居到这座岛屿。这只陶壶的器形无疑属腓尼基风格，上面的一系列图案也源自近东地区，这说明陶壶的制造者是一位定居于此的腓尼基人，而他创作的这只水壶，是一件名副其实的塞浦路斯艺术杰作。

（左）
陶壶壶柄一侧的纹样，展现了正在向上攀爬的雄鹿，和一棵较小的生命之树

（对页）
自由域风格双色陶壶，器身绘有一只鹧和芦苇
塞浦路斯辛达
彩陶，24.7 厘米 × 19.6 厘米

22

雅典安法拉瓶

希腊
约公元前 720—前 700 年
彩陶，67.7 厘米 × 39.5 厘米

公元前 9 世纪和公元前 8 世纪的希腊瓶画风格，使这一时代得名为"几何时期"（Geometric Period）。几何风格由一圈圈排列密集、复杂精细的纹饰构成，尤其是回纹，时而会穿插棱角分明的人物或动物图案。

瓶画上的人物通常以一种变形的角度呈现，每个身体部位都以其最具特色的视角示人：头部呈现侧面、胸部呈现正面、腿部呈现侧面。直到后来，希腊的瓶绘师才开始系统性地选取单一视角，写实地描绘人体。

这只安法拉大双耳瓶（amphora，储物器皿），颈部饰菱格纹，器身饰有若干圈几何纹样，包括锯齿纹、三角纹和风格化的水鸟纹。更不同寻常的是，这只陶瓶的口沿、肩部和双耳均饰有模印贴花的蛇形纹。繁复紧密的纹饰排布，说明陶瓶制作者可能受到纺织物花纹的影响。考古学家认为这只陶瓶是在"织毯作坊"制成的。我们并不知道隶属于这间作坊的绘师和陶工的姓名，但是这样判定归属可以让艺术史学家将与其风格相近的陶瓶纳为一类，并判断它们的年代。

品质最高的一些几何风格陶器，得以在雅典被保存下来。在那里，这类器形的花瓶通常用于丧葬仪式，作为坟墓的标记，或是作为存放骨灰的容器。这只安法拉瓶的用途可能便是如此，因为它基本保存完好，而且器身的重点画面展现了在丧葬仪式中安放遗体（也称为奠礼，prothesis）的场景。男性和女性吊唁者，将手臂痛苦地举起，围绕在逝者身边。逝者由裹尸布覆盖着，平躺于灵柩上。画面中的战士和战车让人联想到英雄事迹，歌颂了逝者的地位。这一场景说明，与这只陶瓶相关的丧葬仪式是为一名男性举行的。缠绕在器物周围的蛇是冥界的标志。

这只安法拉瓶有可能来自雅典一个叫作凯拉米克斯（Kerameikos）的地区，在几何时期之后，那里仍有制陶作坊。"凯拉米克斯"这个词的意思是"陶工区"，也是"陶瓷"（ceramic）一词的起源。

23

鞋匠图瓶

希腊
公元前 500—前 470 年
黑绘陶器，40 厘米

　　这一场景描绘的是，一位鞋匠正照着顾客的脚切割一块皮革鞋底。这一图像让我们看到，在公元前 5 世纪的雅典，人们日常生活中的一个有趣瞬间。在雅典陶器上，描绘工匠场景的相对较少，更多的是对英雄、神话和贵族主题的刻画，在黑绘陶器上尤甚。不过，阿什莫林拥有一组著名的陶瓶收藏，它们展示了劳作中的工匠。

　　这只陶瓶器身上的画面，工匠身体前倾，专注于他的工作，顾客则站在桌上，保持身体平衡，同时把手搭在了鞋匠的头顶上。另有一名旁观的男子，他倚着一根手杖，手持若干枝条——这名男子可能是这间作坊的主人。这三名男性身披希玛纯（himatia，一种披袍），并且都留有胡须，说明这位顾客并不是一位孩童；他之所以被画得较小，只是单纯为了能被纳入画面。桌子下面放了一盆水，是用来在切割之前软化皮革的。画面上方的一个架子上，摆放着一些补鞋工具——其中一把刀与鞋匠正使用的那把颇为相似，还有一把弧形的"鞋匠工头刀"，则是用来切割厚皮革的。实际上，在雅典的市集广场附近，曾发现一间古代制鞋作坊的遗迹。

　　公元前 7 世纪，黑绘瓶画工艺起源于柯林斯，这种工艺是在未经装饰的坯体表面，用黑色颜料勾勒出人物的剪影，并雕刻出细节。在接下来的一个世纪中，雅典工匠采用了这种技法，并加以改良。他们取得的成果令人惊叹。这只皮莱克（pelike）是用来盛放果酒或其他液体的，其制作者应是一位被称为尤卡里德斯绘师（Eucharides Painter）的工匠。绘师加入了白色颜料来突出一些细节，比如用来放置皮革的那块可能是木制的板子，以及金属折叠凳的接合处。陶瓶的另一面描绘了一个神秘的场景，画面中绘有酒神狄俄尼索斯的随从萨蒂尔、一头山羊，还有一个人物可能是众神使者赫尔墨斯（也与商贸有关）。这幅狄俄尼索斯主题的图画，也许和陶瓶另一面鞋匠场景中的两个元素有关：作坊主手中握着的几根枝条，还有其中

两位男性头戴的花环。

在古代，工匠的地位一般来说是相对较低的，尽管其中一些工匠赫赫有名，并且可能获得了大量财富。著名雕塑家的名字会为人熟知，瓶绘师和陶工偶尔也会在他们制作或装饰的陶瓶上标注自己的身份。尽管在雅典本地市场中，描绘工匠劳作的场景似乎并非那么受欢迎；但是，在意大利伊特鲁里亚也发现了这类器物，而图中这只皮莱克则是在希腊罗德岛被发现的。

阿什莫林博物馆在这只陶瓶旁边，展示了一只红绘雅典陶杯，上面绘有一位正在打制头盔的金匠。还有一只仰钟形大瓶或是酒器，上面描绘了一间制陶作坊的内部——一位绘师端坐着，将一只同样器形的钟形酒器抵在膝盖上。他正在用黏土成分的化妆土装饰它，从而制作出器物表面那层富有光泽的黑色。馆藏中还有一些陶瓶，描绘了正在织布机前织布的女工，既展现了商业生产场景，也体现了家庭生产活动。

（左）
阿提卡红绘高足陶杯
描绘了一位头盔制作工匠，
或为安梯丰绘师所作
意大利，公元前 490—前
480 年
红绘陶器，10.4 厘米

（对页）
阿提卡红绘陶钟形酒器
器身描绘了一间制陶作坊，
或为科马里斯绘师所作
约公元前 430—前 425 年
红绘陶器，35.7 厘米

阿提卡黑绘高足陶杯

希腊
公元前 530—前 515 年
黑绘陶器，12.3 厘米 × 42.6 厘米

在古风时期（前 750—前 480），希腊常常采用如今被称为黑绘工艺的技法来制造陶器。将人物和装饰性图案绘制在富含铁的化妆土上，然后通过三步进行烧制。在窑炉里，陶工会营造出一种氧化和还原交替进行的燃烧气氛，这可以使化妆土覆盖的区域呈现富有光泽的黑色，底层的黏土则呈现红色。

这只陶杯的制作者穿透化妆土，将人物细节刻入下层的坯体。这一时期，我们可以通过工艺来辨认不同的陶工和绘师，偶尔也可以通过他们的签名来判定。这只陶杯没有签名，但是它与公元前 6 世纪的雅典陶艺家安多基德斯（Andokides），还有另一位被艺术史学家称为利希庇得斯绘师（Lysippides Painter）的佚名绘师有关。黏土浓郁的橘色表明这只杯子是雅典的产物。

像这样的双耳浅口杯被称为基里克斯（kylix）。它刻画了希腊会饮中的典型元素，会饮是精英阶层男性参与的喧闹欢腾的酒宴，席间有葡萄酒、音乐、娱乐和性行为。这只杯子内壁上的画面，描绘了六位在户外斜卧着的男性宾客，有几位头戴常春藤花环，另外几位则头戴东方风格的包头巾。其中一位在演奏阿夫洛斯管（aulos，双管竖笛）——近旁挂着一把里拉琴，另一位男性则正准备用拖鞋拍打为他奉上葡萄酒的男孩。男孩赤裸身体，而卧坐的会饮宾客均身披希玛纯——一种典型的雅典衣袍。挂满葡萄的藤蔓喻指酒神狄俄尼索斯，也暗示了会饮宾客大量摄入的葡萄酒。杯子底部绘有萨蒂尔的头像，他们是狄俄尼索斯的随从，因耽于淫欲、擅恶作剧而闻名。

会饮中的游戏环节会用到酒器，比如铜盘游戏（kottabos），游戏中需要瞄准一个目标，将酒杯中的沉淀物甩出。许多酒器上绘有视觉玩笑或把戏。比如这只杯子，当饮酒者饮尽最后几滴酒时，他会与蛇发女怪戈耳工的脸四目相对——戈耳工伸出舌头，面容丑陋。当饮酒者抬起杯子，他会看到杯子底足的造型是一根硕大的

阴茎和两个睾丸。甚至有评论者提出，饮酒过程中举起杯子时，画在杯底的一双大眼睛便将这只基里克斯变成了一张丑陋的面具。不过，还有一些专家提出，在古代世界，圆瞪的双眼和阴茎均曾被用来抵挡厄运。他们提出，这些看似轻松诙谐的细节，也许蕴含着更严肃的意图。

这只酒杯的底部造型，既是一个粗鲁的宴饮玩笑，也可以在古代世界用来抵挡厄运

25

阿提卡红绘人头形陶瓶

希腊
约公元前 500—前 460 年
模印装饰彩陶，约 14.7—14.9 厘米

这两只少见的人头形陶瓶，是公元前 5 世纪时，在雅典附近的某个地方制作的。这一时期，陶制容器通常是轮制成形的，而这两只陶瓶却是模印成形的。模具可能为陶制，并且分为两半，需要趁黏土仍然湿润的时候，将这两个半模合在一起压印成形。瓶口和手柄则应该是独立制作的。

接下来，绘师需要对这些陶瓶进行装饰，采用的是和装饰其他红绘陶器相同的技法，诸如眼睛和眉毛等细节用色浆进行绘制，这些部位的色浆在烧制时会转变为富有光泽的黑色。再用其他颜料将女性头形陶瓶的嘴唇涂成红色，并将露齿微笑的大胡子男性的牙齿涂成白色。女性头部饰有棕叶纹样，是这一时期典型的陶瓶纹饰。人头形陶瓶主要是作为陶制容器来使用的，而并非被当作一件粗陶雕塑来欣赏。

这个时期的人头形陶瓶有多种造型，不过萨蒂尔和迈那得斯（酒神狄俄尼索斯的女性随从）可以算是最常见的一些式样。类似的容器主要用来盛酒和饮酒。在这种情境下，使用萨蒂尔的头像很合理，因为萨蒂尔就是酒神狄俄尼索斯的侍从。迈那得斯是萨蒂尔忠实的同伴，有些人头形陶瓶甚至做成了萨蒂尔和迈那得斯背靠背的造型。这只陶瓶上的迈那得斯形象格外迷人，她有着风格别致的卷发，秀丽优雅的眉毛和轮廓分明的嘴唇。而萨蒂尔就不如迈那得斯那般精致，他的鼻子短而上翘，还有一对动物的耳朵。他最引人注目的特点便是大面积的胡须，上面雕刻出了一纵纵卷曲的毛发。

饮酒者聚集于雅典的会饮，这是一种男性公民间的正式聚会，通常最终会走向酣醉和纵欲。女性也会现身会饮，但通常只能作为表演者或交际花参与其中，而无法像会饮中的男性宾客一样倚卧在长榻上。会饮中使用的饮酒器，通常会以某种形式指向狄俄尼索斯，器身上的图像则无须被过于严肃地看待。

26

维奥蒂亚黑绘斯凯佛司杯

希腊
公元前 400—前 301 年
黑绘陶器，15.4 厘米

斯凯佛司双耳大饮杯（skyphos）是一种饮器，在以戏画风格装饰的黑绘陶器中，这只斯凯佛司杯是品质最高的现存实例之一，而这种风格则被称为"众卡比洛斯式"（Kabiric）风格。

在雅典，到了公元前 5 世纪中期以后，黑绘工艺已经很少使用，除非是为了装饰用于仪式活动中的器物和奖杯。维奥蒂亚地区位于雅典北部，该地烧造的容器看起来拥有相似的用途。众卡比洛斯圣所位于底比斯附近，供奉的是一位神秘的神祇。与这座圣所有关的那些陶瓶上，出现了黑绘场景。在那里发现的大部分器物，都是不同器形的杯子。这些器物上的装饰通常采用了一种特定的戏画风格，这种风格因圣所而得名"众卡比洛斯式"——在公元前 5 世纪晚期和公元前 4 世纪时，盛行于维奥蒂亚地区。

在饮杯的一侧，我们看到古希腊英雄奥德修斯（拉丁语称为尤利西斯），他是伊萨卡足智多谋的国王，并作为荷马史诗《奥德赛》中的主人公而被我们熟知。奥德修斯从特洛伊战争回到家乡伊萨卡的这段旅程，长达十年，险象环生。这只陶杯便描绘了这段旅途中的场景，他头戴旅人帽，一手持剑，一手持鞘。另一个人物是魅惑的女巫喀耳刻，她正要引诱奥德修斯服下掺毒的药剂。女巫的身后是她的织布机，上面挂着一块已经织好的布，下端吊着重锤，以保持纺线的绷紧状态。

饮杯另一侧，奥德修斯脚踏两只安法拉瓶（储物容器），以此作筏，自如地保持着身体平衡。他的两脚分别踩在每只陶瓶的腹部，斗篷在身后飘扬，这位航海大师手握三叉戟，在波涛汹涌的海上冲浪。北风神波瑞阿斯吹送着奥德修斯，波瑞阿斯鼓起的脸庞出现在画面顶部一角。奥德修斯和波瑞阿斯都能通过标注的名字来辨识。这一场景描绘的片段，可能是这位英雄正在逃离女神卡吕普索的纠缠。卡吕普索是《奥德赛》中的另一个人物，她帮助奥德修斯造筏，使其最终得以航行返乡。

这只饮杯上的人物，和雅典黑绘陶器上描绘的神话场景大相径庭。奥德修斯的肚子鼓起，神情惊愕，看起来并不像是荷马史诗中那个勇猛狡黠的人物。至于喀耳刻，则与其他众卡比洛斯式器物上所描绘的一样，是一位黑色人种的非裔女性形象。喀耳刻是传说中生活在遥远岛屿上的神秘女巫，绘师可能是基于这种认知理解做出了这样的描绘。不过在这个语境下，绘师可能是为了营造一种对比，因为喀耳刻的形象和希腊陶瓶上更常见的女性形象截然不同。

或许这些饮杯是为了一场节庆活动制造的。在节庆活动中，人们大量饮酒，社会准则被暂时颠覆。这也许可以解释，为什么饮杯会用一种戏剧性且出人意料的方式，诠释一则人们熟知的希腊神话。

"用一种戏剧性且出人意料的方式，诠释一则人们熟知的希腊神话"

（上）
奥德修斯与喀耳刻

（对页）
喀耳刻呈上会将奥德修斯变成猪的药剂
意大利佚名版画师仿帕尔米贾尼诺（1503—1540）所作
雕刻版画，约 1520—1600 年

27

红陶女性小像

巴基斯坦
约公元前 300—公元 100 年
粗陶，约 5—15 厘米

在巴基斯坦开伯尔－普赫图赫瓦省的平原上，考古学家们在若干不同遗址找到了类似这样的小像。它们的尺寸相差无几，造型也比较单一。它们身体扁平，却有着夸张丰满的臀部，下半身上宽下窄，代表双腿。

这些小像很容易被看出属于同一类型，它们手臂短小，向外伸展，鼻子尖细，眼睛呈圆片形，中间有道凹槽，与贝类有些相似。完整的小像有着小而圆的乳房，可能还会用一个孔来突出乳头。下半身的躯干仅仅通过一道刻线来表现分开的双腿，再刻出一个三角形来表现阴部。有时还会用突出的小圆片表示肚脐，并在上面穿孔或是刻上一个十字。

制作这些小像的工匠，通过给小像装点各种各样的发型和饰物，来发挥他们的创造力。例如，不同风格的包头巾、冠冕、发带、耳饰以及吊坠。有些以点画、雕刻或是压印的小圆环进行点缀，有些则以树叶、脉轮、圆片和花卉的贴花元素进行装饰。还有一些小像上带有黑色颜料绘制的线条纹样。

发掘成果显示，这些小像制作于公元前 3 世纪初到公元 2 世纪。位于贾尔瑟达（Charsada）的作坊似乎制造了很多更为精致的小像，它们拥有更为丰富的装饰物和许多不同式样的花卉头饰。

我们无法确切知道这些手工艺品的用途，以及它们为何拥有相同的特定形态。它们无法自行站立，所以我们猜测，它们一定曾经是被插入土中或类似的支撑物上，这或许是出于仪式性的用途。虽然看上去它们原本最有可能是插在泥土中的，但也有可能通过其他方式保持直立。它们也许曾被固定在装满谷物的容器中，这在恒河流域发现的晚于孔雀王朝（前 321—前 185）的陶板上有所展现。也许它们还曾被握在手中，并加以装饰——作为供奉用的手偶。这些小像也有可能曾用于民间的宗教崇拜仪式，而这或许需要等待进一步的发现才能最终变得明晰。

28

药叉女或地母神造像碑

印度
公元前 200—前 101 年
模制粗陶，21.7 厘米

长久以来，粗陶在印度都是一种重要而又富有表现力的雕塑材料。比如，它被用于制作宗教圣像、祈愿物品以及玩具。在最早期的那些雕像中，有很多都是女性立像，我们认为其可能是地母神，她的形象因为带有生殖繁衍的吉祥寓意，而受到人们的敬奉。

这些雕像的造型迥然不同，从造型简单、手工制作的雕像——它们通常带有捏尖的鼻子和一字槽圆片形状的眼睛，到如图中这件一般做工精致、细节繁丽的造像碑。这尊粗陶女神像是在 1883 年偶然被发现的，它出现在塔姆卢克（Tamluk）的一个河岸边，这座古老的港口是古孟加拉城邦多摩梨帝国的所在地。这尊雕像通常被称为"牛津造像碑"，在同类造像碑中，是最早被发现的一尊，并且是所有印度早期粗陶雕像中最有名的一件。它的制作者用一件细节非常精致的粗陶模具，先将它的轮廓模印在黏土上，然后使用工具补充少许额外的细节。这尊粗陶女神像的历史重要性及其高超纯熟的制作工艺，使其他现存实例无法与其相提并论。

女神头顶的珠宝头饰，框住她微笑的面庞，头饰的其中一部分展示了作为发簪佩戴的五件象征性的武器。她佩戴的珠宝精致复杂，其中包括垂坠着珠帘的圆形大耳环、一串巨大的项圈，以及每只手臂上佩戴的三只管状手镯。这些饰物上都有图案花纹，细节极其丰富，其中包括代表神兽的造像，比如摩伽罗（海兽）和圆腹的侏儒药叉（自然精灵或地方小神）。

对于这尊神秘的女神像的身份，有各种不同的意见。在考古遗址中，有很多其他与之类似的雕像陆续出现，尤其是在孟加拉地区。她有可能是飞天，或是自然精灵药叉女，抑或是后者的祖先、全副武装的女战神杜尔迦。这尊造像碑具备的一些特质，与常见于印度早期石雕中的药叉女形象相符，但更有可能的是，她是乔装成王后或贵族女子的地母神。

29

死海古卷罐

约旦
公元 1—70 年
陶器，62.6 厘米（修复后）

　　20 世纪最伟大的考古发现之一，发生于 1947 年，在死海西北岸的山崖中。这只罐子是 2000 多年前，被小心地藏入悬崖洞穴中的诸多陶罐之一。这些罐子在犹大沙漠（Judaean Desert）的干旱条件下，保存了一个又一个世纪。这些罐子里，存放着极其重要的珍贵文献。

　　故事开始于三个贝都因牧羊人，他们在库姆兰（Qumran）附近的悬崖脚下，找寻一只走失的羊。其中一位牧羊人在当时还是位少年，他将一块石头扔进了一个被大石头堵住的山洞中，然后听到里面传来了什么东西破碎的声音。晚些时候，他回到洞穴，发现了十只直筒形的陶罐，均被盖子封住。其中一只罐子里面，装了三卷羊皮纸古卷。那是《圣经》的手抄本，并且是所有已发现的《圣经》抄本中第二古老的版本，为基督教的起源提供了线索。

　　世界各地的报纸都报道了这一发现，对于这个奇迹般的发现，也有诸多媒体持怀疑态度。几个贝都因人由考古学家陪同，前往搜寻更多洞穴。1949—1956 年，在库姆兰附近的山洞中，发现了数百份经卷和数千块经卷残片。

　　那些存放"死海古卷"的陶罐，只有少量扛过了时间的流逝和人们对洞穴的挖掘，得以被保存下来。1949 年，阿什莫林向耶路撒冷的巴勒斯坦考古博物馆发出请求，希望从那里购买一只罐子。两年后，巴勒斯坦考古博物馆将"一只罐子（拼凑而成，部分修补）、一只盖子和一块麻布标本"出售给阿什莫林，价格为 50 英镑。然而，罐子在运输途中破损。1951 年罐子抵达牛津，被拆开的时候已成碎片。2013 年，这只罐子被重新拼好，并于 2017 年首次展出。

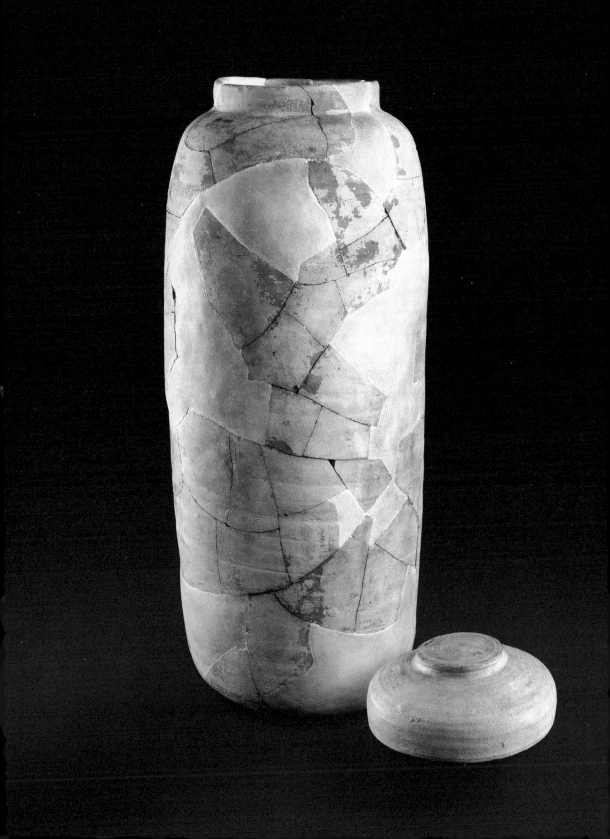

《大以赛亚书卷》，第 1—4 栏
"死海古卷"的一部分，1947 年发现于库姆兰
羊皮纸，约公元前 100 年

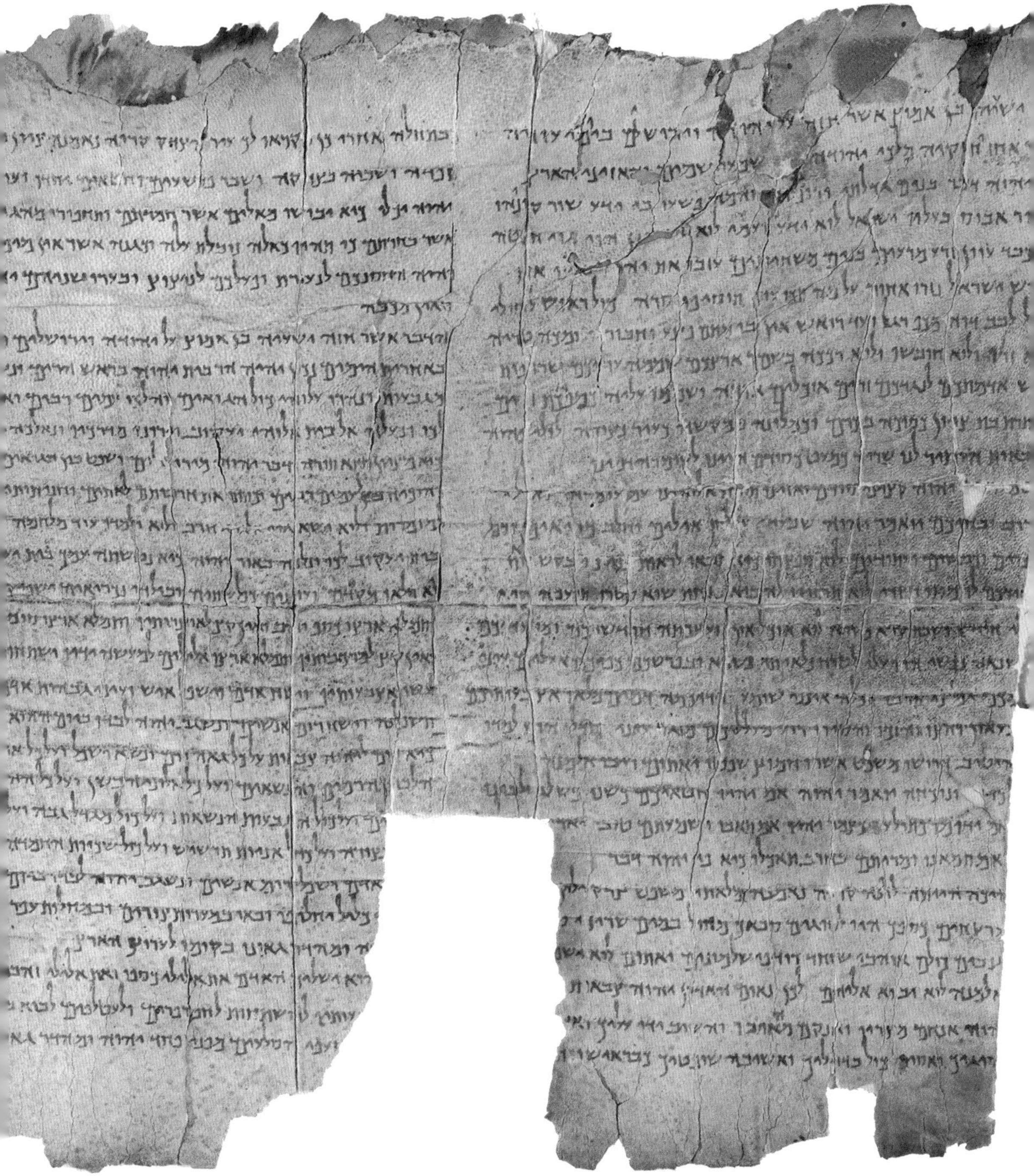

阿拉米文"魔法碗"

伊拉克
226—651 年
彩陶，18.5 厘米

　　这只"魔法碗"并非一件用来盛放食物或饮品的寻常陶制餐具。一圈圈的文字从碗心向外扩散，这些文字实则是一段咒语，内容是为了抵御食尸鬼、恶魔和其他恶灵。在1300多年以前，居住在美索不达米亚的巴比伦犹太人家庭，将这件器物埋在家宅的地板下面，而碗上的这段咒语表明了他们这样做的原因。

　　20 世纪初，这只碗在今伊拉克南部被发现。美索不达米亚涵盖了叙利亚东部、土耳其东南部，还有伊拉克的大部分地区，是波斯帝国的中心。在当时，古代近东地区的所有文化，都致力于研究魔法、鬼神和驱魔，这些思想在犹太文化中也很重要。已被发现的魔法碗中，有的被藏在门窗下，有的被筑进墙里，或是像这只碗一样，被埋在房屋的门槛之下。我们认为，这些碗通常是被倒扣着埋起来的，因为它们的设计是为了困住那些可能试图闯入宅邸的恶灵。

　　魔法碗的生产成为一门生意，且像大多数魔法一样，顾客关心的重点便是健康、庇佑、繁衍、爱情和复仇。不过，这些文字通常也会包括一些源自神话或《圣经》的故事和引文。从住宅附近的隐蔽之处找到的这些碗上，通常会包含咒语，来庇护和治愈居住在这里的人。不过，有些咒语则意图伤害家庭以外的其他人。在大英博物馆，也有一只伊拉克陶碗，年代约为公元 600—800 年（见第 108 页），上面的文字结合了邪恶的欲念和《圣经》中的段落，尽管是意思相反的内容。客户委托制作这件器物，是想通过黑魔法来使敌人遭受折磨，这段咒语对恶灵的指示如下：

　　……像弓箭一般引爆他的肚子，将鲜血和荆棘揉进他的身体，如对待奴仆般坐在他的心脏上……把他丢在床上，不给他面包也不给他水，直到他哀号、尖叫、怒吼，直到他的同伴憎恶他……推翻他的权力，就像把公牛从田野中赶走，把他的灵魂从他二百四十八节肢体里抽离，并在他气愤、崩溃和狂怒时将他杀死。

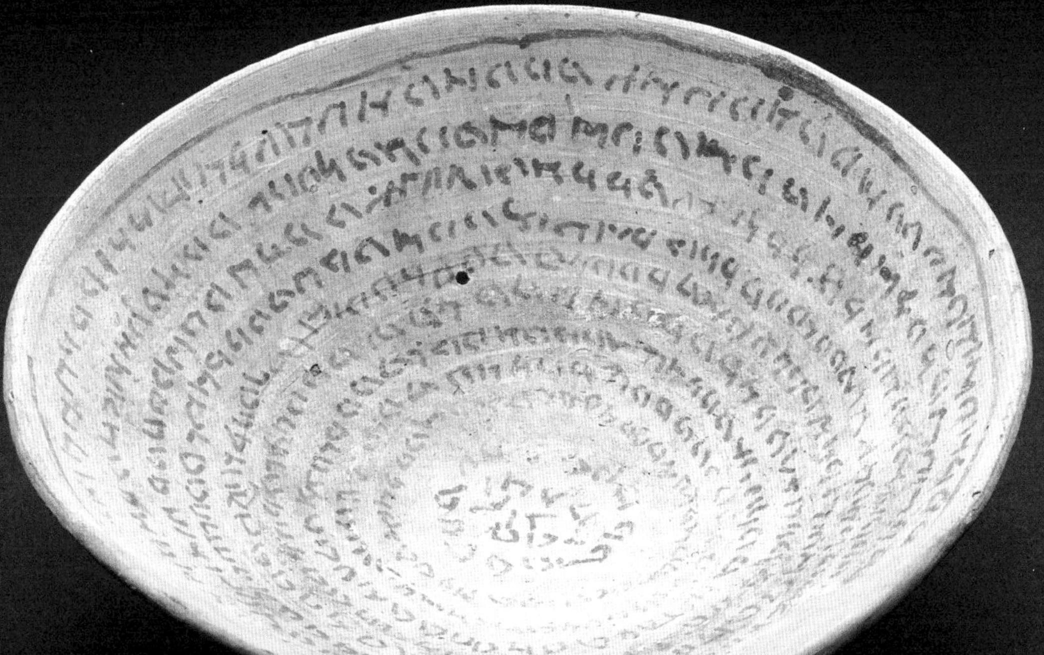

大多数魔法碗上的咒语都是用阿拉米文书写的，各个地区的形式略有差异。基督徒的碗会采用曼达安文书写，异教徒的碗则采用叙利亚文，还有少量碗采用巴列维文，也就是波斯语的一个早期版本。像这只一样的犹太人的碗，则会采用犹太－阿拉米文，也就是用希伯来语字母书写的阿拉米文。咒语由笔墨书写，字迹工整，装饰性的文字从中心向外旋转至外侧口沿，或是呈笔直射线状从中间向外发散。

这只碗上的文字，乍一看似乎是犹太－阿拉米文的咒语，而实际上，这些文字没有任何意义。尽管掌握"恶魔的语言"是巫师的一项基本技能，但是这段咒语也有可能是伪造的。这只碗的绘师可能说服了他那位（大概率不识字的）顾客，声称自己是一位货真价实的咒语书写者，然后将这只没有任何真实法力的碗卖给了他。

魔法碗
伊拉克，约6—8世纪
陶器，18.2厘米

青釉莲花尊

中国
500—600 年
青釉炻器[1]，38.3 厘米

3000 年来，类似这只罐子的"青釉瓷器"，一直是中国高温陶瓷的柱石。这一术语指的是那些釉中富含铁元素的器物，它们在还原性气氛（即缺乏氧气的环境）下进行烧制，会形成一层绿色的表面。

这种工艺烧制出的器物，釉色范围很广，从泛黄的橄榄色到柔和的蓝绿色皆有覆盖。青瓷大约于公元前 1500 年首次出现，陶工持续烧造这类器物，一直到大约 3000 年以后的中国明代中期。

11 世纪和 12 世纪，中国北方制造出了一批品质极佳的青瓷，不过其核心产区一直位于东部，即如今的浙江省。大约在公元 300 年时，浙江北部的越窑开始进行大规模生产青瓷，在唐晚期达到巅峰。这个时期，有一类格外令人叹为观止的青瓷，叫作"越窑秘色瓷"，秘色瓷是专供皇家使用的，不少文人墨客为之留下咏叹之作。

这只莲花尊的年代略早于唐（618—907）。阿什莫林的这件藏品与中国北方河北省景县的一处墓葬群出土的莲花尊非常相似。[2]陶工们将模印装饰塑贴于高温陶瓷上，这种处理并不常见。

这只莲花尊器身上的纹样，显示了中国与边境以外地区的联系。莲花尊烧造之时，莲花瓣在中国已是较为成熟的一种纹饰；汉朝（前 206—公元 220）时，随着佛教的传入，莲纹首次出现在中国纹饰中，它与佛陀降生相关。起初，这种纹饰主要被用于寺庙建筑上，但很快便也成为小件物品上的装饰纹样。连珠团花纹最早是萨珊王朝的纹饰，半棕叶纹归根结底则是古希腊的纹饰。因此，这只莲花尊的装饰布局，将典型的中国陶瓷类型，与中亚、南亚以及南欧文化连接到了一起。

---

1   烧造温度介于陶器和瓷器之间的制品，一般在中文语境下会将这类器物归为瓷。
2   此处指的应该是河北景县封氏墓群出土的青釉莲花尊。

32

骆驼陶俑

中国
618—907 年
釉陶，52 厘米 × 36 厘米 × 19.5 厘米

这件骆驼俑是由一张张平坦的黏土片制作而成的。制作者将黏土按压进模具中，在模印成形后，用白色化妆土和彩色釉料进行装饰。制作者仔细地刻画出了骆驼的不同特征——纹理优美的皮毛配上颜色迥异的鬃，而仰天长啸的嘴和直立的驼峰显示它身强体壮——这件陶俑生机勃勃，细节丰富。骆驼俑高 52 厘米，热释光测年法的检测结果确认了这件陶俑烧制于中国唐代。

骆驼不仅是役用动物，而且在运送货物方面也扮演了不可或缺的角色。这件陶俑展现了这个时期的巨大财富和机遇，等待着在丝绸之路上经商的人们去发现。这张巨大的贸易路线网连接了远东和欧洲，且途经中东，从而使中国变得极为富庶，打开了交易陶瓷、织物、皮革、果蔬、宝石、金属、纸张和武器的商机。通过这些路线，货物不仅被买入和售出，也会被交换、储存和分派，这也提供了一个进行语言、信仰、科学和文化交流的平台。

双峰骆驼——与单峰骆驼不同，它们有两个驼峰——是在条件艰苦并且通常较为凶险的道路上，最理想的役畜；它们可以忍耐反差极大的天气条件，无论是沙漠的酷热，还是山地的严寒；它们可以身驮重物，日行 30 英里；而且无须饮水亦可前行数日。

然而，这件骆驼俑被制作之时，制作者脑中浮现的却是另一段旅途。这是一件明器，亦称冥器，是为了伴随主人通往冥界而制造的。10 世纪时，它被埋入一位中国社会权贵之人的墓葬。在中国唐代，权贵人士的墓葬中满是人、马匹、骆驼和神兽的陶俑。已出土的明器数量之多、耐久性之高，说明这些器物对我们理解中国文化至为关键。在唐代，明器是繁缛葬仪的一部分，而墓葬可以体现逝者及其家族的身份地位。除动物陶俑外，显赫之人可能还有舞俑和乐俑随葬，在死后的世界为其助兴，并有奴仆侍奉左右。

这件骆驼俑出土之后，可能是作为一件远东地区的古董，运到了欧洲。牛津大学考古系的卡塔琳娜·乌尔姆施耐德（Katharina Ulmschneider）和萨莉·克劳福德（Sally Crawford）发现，为了抵达牛津，知名考古学家保罗·雅各布斯塔尔（Paul Jacobsthal）还有这件骆驼俑，都经历了漫长而惊险的旅程。1912年，雅各布斯塔尔被委任为德国马尔堡大学的古典考古学教授。1924年，他从镇上的一间拍卖行购得这件骆驼俑。1933年，纳粹在德国掌权。1935年，和其他许多学者一样，雅各布斯塔尔仅仅因为是犹太人便被迫辞去教职。许多德国的犹太人面临性命之忧，陷入难以克服的困境，因为很多国家迅速封锁了边境，他们很难在欧洲找到安全的容身之所。

"象征着一段为寻生路必须踏上的旅程"

机缘巧合下，雅各布斯塔尔在他的朋友和同事中，选择投靠了约翰·比兹利（John Beazley）。这位牛津大学的古典考古和艺术学教授，为雅各布斯塔尔安排了一个职位。几个月后，雅各布斯塔尔逃到了英国，并最终于1936年被委任为基督堂学院的一名院士。尽管在牛津找到了庇护所，1939年，雅各布斯塔尔仍然像数千名其他外国人一样，作为"敌国侨民"被捕，并被押入拘留营，先是在兰开夏的沃斯米尔斯，后来在马恩岛。战争结束后，他选择留在牛津，并一直在那里生活，直到1957年去世。

从1937年起，直到雅各布斯塔尔生命的终点，这件骆驼陶俑都安放在他位于牛津北部的家中，伫立于他书桌旁的窗台上。陶俑随着他逃离了纳粹德国，甚至在寄回德国的信件中，他会用骆驼陶俑作为暗语，来指代自己以及其他仍被困在德国的犹太学者。骆驼成为一个符号，象征着一段为寻生路必须踏上的旅程。2012年，这件骆驼俑被捐赠给阿什莫林。最终，卡塔琳娜·乌尔姆施耐德和萨莉·克劳福德揭开了这段旅程的完整故事。它的征途跨越了11个国家，数千英里，也跨越了死与生的桥梁。

33

孔雀蓝釉储物罐

伊拉克
约 700—800 年
贴花釉陶，77 厘米

　　这只引人注目的储物罐，是阿什莫林的伊斯兰馆藏中最古老的器物之一。它的尺寸和精美程度格外出众。陶罐高达 77 厘米，器形硕大，堪称杰作。陶罐分为两部分，先分别轮制成形，再从中间拼接起来，然后与其他数十件类似的器物一同上釉烧制。

　　在一个名副其实的制陶产业里，这只陶罐只是数千件成品中的一件。伊斯兰教的崛起，伴随着制造业和贸易的大规模扩张。这些器物通常被用来储存、运输物品，比如枣和蜂蜜。尽管罐身有所装饰，但这只陶罐仍然是一件功能性器物。几乎可以肯定的是，它的价值取决于其所盛装的内容，而非它的造型。

　　这类釉陶甚至在伊斯兰教出现以前便已存在。实际上，这是在宗教兴起以前，中东地区制造的唯一一类器物。这只陶罐有 1000 余年的历史，属于一种基础的陶瓷类型，后来那些更为新颖、更具创意的施釉工艺，都是以此为基础发展而来的，并盛行于整个伊斯兰世界。它是中东地区釉陶烧制传统的一部分，这种传统可以追溯到青铜时代，并且一直延续到今天。如今在伊朗，你仍然可以用孔雀蓝釉陶器盛装购买的酸奶。

　　像这样能保存若干个世纪，并且没有破损成碎片的罐子，只有数十只。而这只陶罐是它们当中最精美的一只。沿着亚洲地区的贸易路径，找到了无数这类陶罐的残片——从波斯湾附近，到东非海岸，再到印度和东南亚沿岸附近，甚至远至中国和日本。我们可以看到，这些罐子被用于长途贸易，是古代世界四通八达、交流互鉴的一个缩影。

34

锡釉碗

伊拉克

801—900 年

锡釉彩陶，6 厘米 × 20.2 厘米 & 9.5 厘米 × 13 厘米

伊斯兰陶工对全球陶瓷史产生了深远影响。他们是最早使用锡白釉作为背景来装饰陶瓷的，也是最早使用钴蓝在白色背景上作画的，由此发明了蓝彩白陶。比起后来，这一色彩搭配成为中国外销瓷的标志以及欧洲审美的标杆，伊斯兰陶工领先了数个世纪。另外，他们还研发出了虹彩（lustre），呈现出一种华丽的金属光泽，仿佛把陶器变成了金器。

装饰陶器在欧洲的兴起，最初便受到伊斯兰国家制陶技法的启发，这些国家位于地中海附近，比如穆斯林统治下的西班牙。如果没有伊斯兰国家的陶瓷传统，我们不会拥有后来欧洲出现的那些标志性陶器——马约利卡（maiolica）和代尔夫特（Delft），兰贝斯（Lambeth）和讷韦尔（Nevers）。中国人最初也专门为伊斯兰市场研发了中国风的装饰性瓷器。在这一传统的基础上，同时期的欧洲瓷器也出现了柳树纹，以及许多其他的中国风纹饰。

伊斯兰艺术的特点，是对色彩的热爱，对几何图案和装饰纹样的偏好，以及博采众长并加以改良的能力。伊斯兰陶工借鉴中国原型，并对其进行改良以更符合自己的审美。几个世纪以来，我们看到进取开拓的陶工先是对中国创意进行复刻，然后再创造出自己的版本。9 世纪，当中国的白瓷和高温瓷被引进伊拉克的时候，当地的阿拉伯陶工曾经试图用他们的低温制陶技术，来复刻中国原型的那种白色。

伊拉克陶器被烧制成一种发黄的米褐色，陶工们为了使其看起来更白，采用的其中一种方法是施一层锡釉——这种釉里面加入了氧化锡，因此会变得不透明。对氧化锡的运用，体现了伊斯兰教早期的伊拉克与东方的贸易联系：这种金属是通过海运从缅甸南部和马来西亚进口的。有时，伊拉克的陶工会将器物完全留白，就像他们所复刻的中国陶瓷那样。不过更多的时候，他们会加以装饰，以白色为背景，用钴料和铜料绘制出蓝色和绿色的纹样。

这两只碗展示了早期伊斯兰陶器的四个典型装饰特点。第一个特点是两件器物上都出现了棕叶纹。传统上来说，这是一朵五瓣花，后来演变成了"阿拉伯式花纹"（arabesque）。第二个特点是几何元素。第二只碗的图案中心部分，是一个套在菱形里面的正方形。第三个特点是风格化。第二只碗高度风格化的棕叶纹，与现实中的棕叶原型简直大相径庭，这种审美也影响了伊斯兰绘画传统。第四个特点是第二只碗上饰有点洒的绿斑。在伊斯兰早期那些价格低廉的陶器上，这是一种常见纹饰，从埃及到伊朗的大片地区都能见到。

另一种伊斯兰陶器的常见工艺是剔花（sgraffito），该术语是从意大利文的"sgraffire"一词演化而来的，意思是"刮划"。器物表面施一层薄薄的化妆土，在施釉之前，将纹饰剔刻在化妆土上。打个比方，如果器物的坯体为米褐色、化妆土为白色，并且釉为透明质，那么剔刻的线条会呈现为白地米褐色花纹。剔花陶器于10世纪在伊拉克和伊朗开始流行。和钴蓝彩绘纹饰陶器或虹彩陶器相比，这类器物对工艺的要求没有那么高，因此在很多不太富裕的城镇和乡村里，居民会使用这种陶器。长久以来，这种次级陶器一直为人们所用。

剔花陶碗
透过白色化妆土刻画纹样，并于釉下施彩
伊朗，901—1000 年，22.5 厘米

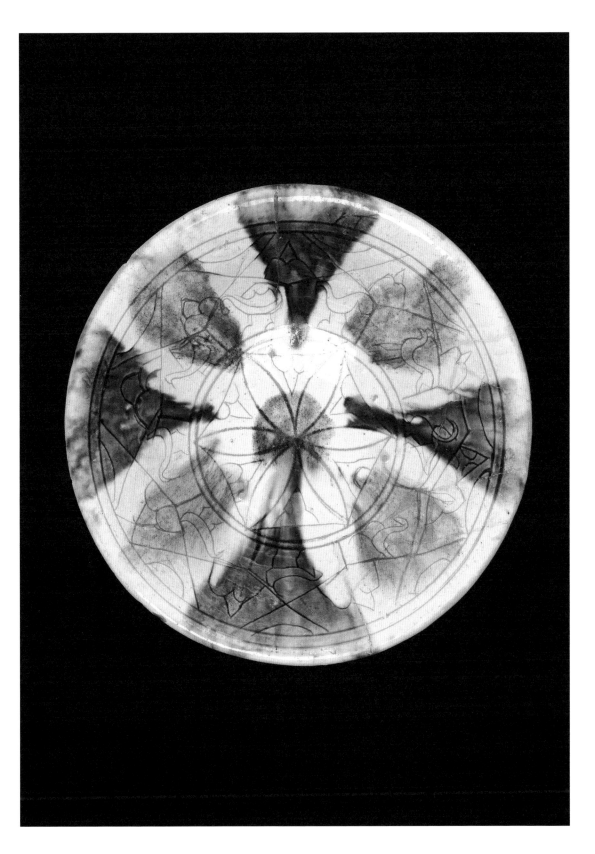

35

花草鸟兽图碗

伊朗
10 世纪
釉下彩陶，20.4 厘米

　　这只碗生动活泼，碗的弧面描绘了四头北山羊围绕着一只野兔。在它们四周，几只孔雀和一些难以辨认的四足动物在嬉戏，周围还有一些植物纹和风格化的古文字元素，填满了全部空间。这件器物是一件浅黄色陶器（buff ware），一种来自伊朗东部的多色彩陶，特点是富有生气、纹饰紧凑。

　　1930 年代，在美国人对中世纪城市内沙布尔（Nishapur，今伊拉克）的发掘中，浅黄色陶器第一次呈现于世。在这只碗制成的时候，内沙布尔是世界上最大的十座城市之一。看着这类陶器中各式各样的器物，我们可以体会到，由于 10 世纪时人们对奢华餐具的需求增长，伊斯兰世界在施釉工艺上取得了巨大进步。制作者采用了一种亮黄色颜料——锡酸铅，这种颜料的独特发色，可能参照了 8 世纪和 9 世纪时在叙利亚生产的黄釉陶器。

　　浅黄色陶器——这类陶器不同寻常地强调了器物较为隐蔽的陶制结构，而非吸引眼球的表面装饰——与那些更为沉稳优雅的书法装饰陶器（见第 126、136 页），是在同一时期被生产出来的。浅黄色陶器的制作原料更为简朴，装饰质感也略显稚嫩，但是这并不一定代表这类陶器的使用者条件不够富裕。在中世纪伊斯兰世界的繁荣地区，可以同时见到这两种类型的陶器，从而使我们知道，这一时期的陶工需要服务于有着不同喜好的顾客。

36

文字纹碗

伊朗或乌兹别克斯坦
约 10—11 世纪
泥釉陶，21.3 厘米

这只碗上的阿拉伯文字，只剩下几个字母仍然可见。读作"alaniyya al-faqr"（"[贪婪是] 贫穷的征兆"）。秀逸的文字边饰顺着碗沿展开，映衬在不透明的乳白色背景上。

一些字母高而挺拔，从一条连续的黑色基线上生发出来。这些字母以自身为中心回旋缠绕，形成节状的突起，或以卷曲的线条和类似棕榈叶的纹饰作为收尾。横向的笔触伸展蔓延，嵌入装饰性的结环，陶工用这些元素填充尴尬的空白处。

类似的容器上带有道德说教的信息，这并不令人意外。这只碗是一例精美的泥釉彩绘陶器，这一类型的陶器生产于萨曼王朝（819—999）统治下的内沙布尔（今伊朗）和撒马尔罕（今乌兹别克斯坦）之间。这类陶器通常以书法装饰。当用餐者享用完盘中的食物，阿拉伯谚语便会显露出来，歌颂诸如慷慨、谦逊和求知之类的美德。这些隽雅如画、富有哲理的格言，说明类似的容器是供受过良好教育的人士使用的。用餐者可以辨识出这些戒律，它们都是从信众的道德教义中摘录而来的。

有学者提出，这类餐具可以作为谈资，在餐桌上引起讨论。这些容器适时提醒着用餐者，当他们出席社交聚会时，应当表现得谦虚、友善和愉悦。

黑釉凸线纹罐

中国
960—1279 年
铁褐釉炻器，20.9 厘米

　　这只罐子烧制于中国北方的河南省或河北省，属于"磁州窑"类型。实际上，磁州是河北省的一个县。不过，作为一种陶瓷类型，它指的是一系列风格鲜明醒目的器物，在黑色或透明的釉面以及黑色或白色的化妆土上，以彩绘、划刻和剔花的方式进行装饰，生产这种陶瓷的窑口遍布中国北方四省。

　　磁州窑因其实用的器形和广泛的分布，成为中国制陶产业的支柱，无论是器物的品类还是品质，都达到了前所未有、无与伦比的高度。黑色釉料和化妆土的含铁量相当高，达到了 6%，在含氧量高的气氛下进行烧制，便形成了这种漆黑光润的颜色。

　　大量宋瓷出口到了中国周边地区，甚至远至非洲。不过我们可以说，这些器物经久不衰的影响力，并非是通过运输渠道产生的，而是要归功于那些探访中国的人。日本僧人前往中国，拜访佛教（禅宗）僧侣，这些日本僧人格外欣赏他们接触到的黑釉陶瓷，并将它们带回到了日本的寺院。最终，日本也开始烧造黑釉陶瓷。

　　阿什莫林的这只罐子，为各地陶工提供了许多有关烧造工艺的线索。罐子内壁水平方向的螺纹，表明这只罐子是轮制成形的。凸起的白色棱线堆贴于器身，棱线上覆盖着一层薄薄的釉，说明贴棱工序是在上釉之前完成的。靠近器足的一层薄釉呈现黄色，同一种铁釉，仅施一层时，便会显示为这种颜色，厚施时则显现为黑色。罐子内底的釉面有一道伤，这是一只更小的罐子曾经放置于此罐内部一起烧制时留下的痕迹。这些痕迹让我们想到，这件容器不是一位艺术匠人制造的，而是商业经营的产物，在制陶生产线的最后一步，需要最大化地利用窑内空间。

38

钧窑天蓝釉紫红斑盘

中国
960—1279 年
天蓝釉炻器，17.1 厘米

这只盘子烧制于钧窑窑口，位于中国中部地区偏北的河南省禹州。从 10 世纪到 13 世纪，最著名的瓷器之中，不乏"钧瓷"名品。这个时期，中国北方奠定了高温瓷传统，同时东部沿海地区则处于烧造技术发展的巅峰。

当时中国经济繁荣，大型窑场或出口商道附近设立了许多新的窑口。宋代（960—1279）见证了制瓷业的辉煌。不过，到了 1120 年代，金攻打北方，并统治北方直至 1234 年，而宋在南方得以延续，新都定在今杭州。

钧窑因其极具辨识度的釉色而闻名，那是一种迷人的淡蓝色，通常有紫色彩斑点缀。偶尔，陶工会对紫釉加以控制，从而形成一个清晰的图案，比如这件器物。钧窑瓷器颜色浓郁，是因为它们拥有一个特性，这个特性在中国釉瓷中是独一无二的，即钧窑的釉呈乳浊状。所有其他釉色都是透明的，但钧窑的釉质构成，意味着釉料成分在烧制过程中发生了分相，因此造成了这种乳浊效果。这只盘子的制造者以铜为着色剂，形成了紫红色的彩斑。

钧窑瓷器通常厚重而坚密，且器底通常不施釉。作为原料的沉积黏土，需要在高温下进行长时间的烧制。钧窑瓷器的完整烧制周期，从逐渐加温，到饱和状态（维持巅峰温度），再到冷却，这个过程可能要耗费 14 天之久。北方窑炉的构造可以控制很高的温度。这些窑炉被称为馒头窑，因其造型独特，形似一种典型的北方食物而得名。馒头窑高而狭窄，这是为了能充分利用煤燃料燃烧时火焰较短的特点。

钧瓷最早烧制于北宋时期（960—1127）[1]，而铜紫色斑点是在 11 世纪晚期才开始出现的。坚厚的胎体和简朴的器形，意味着钧瓷是为本土市场烧制的。在宋代文献的

1　近年来，部分学者认为钧瓷始烧于金中后期，而非北宋时期。

记载中，未曾将钧窑瓷器列为最受推崇的陶瓷品类之一。但是，后世的鉴赏家欣赏它的色泽和器形。收藏家开始寻觅钧窑瓷器，视其为经典的宋瓷范例，而宋代经常被称为中国陶瓷的"古典"时代。

"这个时期最著名的瓷器之中，不乏'钧瓷'名品"

39

定窑白釉刻花莲纹盘

中国
1100—1200 年
白釉刻花炻器，21 厘米

宋代是中国历史上最具创造力和革新精神的朝代之一。有专家认为，宋代建立了现代中国的根基。而在陶瓷领域，这个时期是陶瓷产业的高峰，整个国家各个地方的窑口，都在大量生产陶瓷器。这些器物中，既有为中国市场烧制的，也有为出口到东亚和东南亚、中东地区，甚至遥远的非洲而烧制的。

这也是一个转变的时间点。在宋代之初，最富有灵感并乐于试验的陶工集中在北方，但是到了这个朝代的末期，大量的瓷器窑口转移到了南方地区。

这只盘子烧制于河北定窑。窑口以煤为燃料，煤可以形成氧气充足的烧制气氛，使成品的釉色呈现为暖色调。而南方的制瓷窑口以柴为燃料，这些窑口仿造定窑瓷器烧制的器物，则拥有一种偏冷、偏蓝的色调。煤的火焰较短，所以窑炉需要高而窄，通过叠烧器物来实现最大效率。在定窑，一般将瓷坯堆叠，置于陶制匣钵或是焙烧容器中，再放入窑炉内进行烧制。若是将这些器物倒扣，口沿向下进行覆烧，那么匣钵里还能容纳更多的器物。这可以解释为何这只盘子的口沿处未施釉。在口沿处包镶铜扣，以起到光滑和保护的作用。莲纹装饰可能是陶工使用一种削尖的竹制工具，手工划刻出来的。后来，到了 12 世纪，则通过印模压印纹饰——将坯体按压在已经刻有花纹的盘状或碗状模具上，印制纹饰。

非洲东部和如今的伊拉克地区，均有定窑瓷器出土。它们是中国宋代最受尊崇的陶瓷器物之一。一些器物的底部刻有"官"字；我们知道，定窑瓷器曾经作为贡品进入宋朝宫廷。一位 14 世纪的作者将定窑归为"五大名窑"之一（另外四座名窑分别为汝窑、钧窑、官窑和哥窑），定窑瓷器也深受藏家的青睐。

40

文字纹壶

伊朗

1151—1220 年

孔雀蓝釉模印砂玻器，21.6 厘米

　　"砂玻器"（fritware），亦称石泥胎陶或费昂斯（faience）[1]，是黏土和玻璃碎砂的混合制品，起源于中世纪的伊斯兰世界。伊斯兰陶工在制作这只壶时，首先模仿中国白瓷，制作出一个石泥坯体。下一步便开始着色。首先，将一种颜色加进釉料中——以钴配制蓝色，以锰配制紫色，或者以铜配制孔雀蓝（如图所示）。

　　在铅釉中，铜会变为绿色，但是加入石泥胎表面的碱性釉中，则会转变为孔雀蓝色。自从 11 世纪或 12 世纪，工匠们开始使用孔雀蓝釉以来，它便成为波斯陶瓷和铺砖圆顶的标志性颜色。

　　这只壶的装饰使用了风格化的库法体（kufic）文字，一种优美而棱角分明的书法体，是阿拉伯书法中最古老的形式之一。书法在伊斯兰文化中的地位，远比在信仰基督教的西方文化中重要。穆斯林认为，《古兰经》中的阿拉伯文字是誊抄自一本永恒的《古兰经》。这本《古兰经》以阿拉伯文书写，存放于天堂之中。词语和字母本身便是神圣的。伊斯兰艺术家强烈反对在严格的宗教语境中使用图像。因此，他们全力探索阿拉伯文字的装饰性潜能，而书法纹饰，即使在如陶瓷这种不那么适配的媒介上，也颇受欢迎。在这只壶上，"光荣"和"繁盛"这两个阿拉伯语单词，看起来是由一位不识字的工匠设计的。尽管文化水平有限，但是他对阿拉伯文字的运用，应该受到了顾客的青睐。即使这些顾客同样不识字，他们也会明白这些文字象征着陶工寄托其中的美好祝愿。

1　费昂斯一词，原指得名于意大利法恩莎的一种彩釉陶。古埃及的釉砂是以石英颗粒为胎，带有玻璃质釉的一种物质。因与费昂斯彩陶的色泽接近，亦被称为费昂斯，或埃及费昂斯加以区分。此处的砂玻器，便与这种埃及费昂斯（釉砂）颇为相似，有时混称。

锅岛烧瓷杯

日本

约 1660 年

釉上彩瓷，6.5 厘米 × 6 厘米 × 5.5 厘米

现存的一些最为雅致的日本瓷器，最初都是为锅岛氏族烧制的专用瓷器。在 17 世纪和 18 世纪时，他们是九州肥前藩的藩主。

一般认为，在 1644 年明朝覆灭之后，中国瓷器的供应中断，锅岛烧瓷器便是这时出现的。锅岛氏藩主一贯会将精美的中国瓷器，作为正式贡品，呈献给掌权的德川幕府将军。当无法购得中国瓷器时，他们便不得不寻找当地的替代品。

发掘成果和书面记录显示，锅岛氏藩主从 1650 年前后开始，在有田町的岩谷川内窑生产瓷器。这座城镇是日本瓷器的生产中心。到了 1660 年代，藩主将窑场搬到了有田町以北几公里外、位于山间的大川内町。这是为了将锅岛烧的窑场和其他有田町本地的窑场分隔开，从而对工艺和设计进行保密。这只瓷杯便是在这座新窑场烧制而成的。

锅岛氏藩主有能力支付最上乘的原料，雇用技术最高超的工匠。窑场生产了最上等的瓷器，供锅岛氏族使用，并赠予其他藩主以及进献给幕府将军。锅岛烧瓷器不在普通市场上销售，也不允许其他窑场仿效锅岛烧的设计。辨认这类瓷器的依据，是瓷胎光滑细腻、器形统一、纹饰细致严谨，以釉下染付[1]和釉上彩料进行绘制。许多在有田町烧制的瓷器会从中国纹样中汲取灵感，但是锅岛烧采用了传统日本纹样，纹饰不同凡响、富有新意。这些纹饰通常受到了同时期的织物或漆器纹样的启发。

17 世纪末到 18 世纪初，锅岛烧瓷器的生产达到了巅峰。1720 年代，作为一系列财政改革的一环，幕府将军德川吉宗规定，锅岛烧瓷器应减少铺张奢靡之风，不得施用釉上彩料。此后，锅岛烧的式样变得越发节制和规范。

---

1 以青料绘制的纹饰，即青花。

金缮钧窑玫瑰紫釉鼓钉三足水仙盆

中国
宋或元，13—14 世纪 [1]
玫瑰紫釉炻器，20 厘米

这只小小的中国瓷盆，器身施天蓝釉和玫瑰紫釉，釉色绚丽夺目，是一例钧窑瓷器——因其蓝釉罕见的乳浊效果而闻名。它是一只水仙盆，在宫廷中用于种植花木，例如水仙。在明代和清代，这些钧窑水仙盆尤其受到青睐，它们的制造者还烧制过大型花盆和盆托。

这只水仙盆展示了金缮艺术，以漆修缮古器的工艺源自中国，后经日本匠人改善发扬为金缮，是一种古老的"升级改造"处理技艺。在亚洲多地都有找到金缮的实例，而且这种工艺并不局限于亚洲地区。金缮的意思是"用金接合"，可以说，这种修复方式意趣盎然，甚至让器物变得比原本的样子还要迷人和珍贵。金灿灿的线纹和蓝釉及紫釉形成对比，使整体更具视觉冲击力。

而且，在修补一件破损器物的过程中，金缮也颂扬了这件器物的历史。这只水仙盆的主人没有选择将其遗弃，也没有选择隐藏它的裂痕。相反，金缮的黏合处连接了过去和现在，将我们观赏这件器物的时刻与它遭到损坏的时刻联系在一起。它向我们表明，主人精心地将这件珍爱的器物恢复至完整的状态。不过，我们看到的样子与陶工原本的预想是有差别的。修补部分对这只水仙盆的故事进行了一段富有创意的补充，它既是岁月的痕迹，也是痊愈的象征。

在日本，金缮艺术是禅宗佛教中"侘寂"概念的一部分。侘寂既是一种世界观，也是一种美学，认为美存在于简单、残缺和无常的事物之中。"侘"字代表了"一种美学理念，在朴素或寻常、天然去雕饰的事物中寻找美与意义"。"寂"字指的是"材料或空间随着岁月的损耗，逐渐凋萎并变得老旧的美感"。如今，这一理念不仅意味着接受变化，还要积极地赞颂变化以及它所带来的瑕疵和不完美。例如，若将这一概念应用在人的身上，我们可以说，经历会使一个人变得更为坚韧而独特。

1　关于此类官窑钧瓷花器的年代，近年来学界更偏向于元末明初或明代。

如今，金缮仍然受到艺术家和设计师的青睐。新冠疫情开始后，人们重新对金缮工艺燃起兴趣。这种工艺在这一时期日渐流行，或许是因为许多人在经历了失去以后，试图重建自己的人生。人们很容易就能找到出售的金缮材料工具套装，里面含有指导教程和可供练习的碗，用来在尝试复原你自己的宝贝之前先行练手。在气候危机的背景下，很多人尝试减少浪费，并更加留心人类活动对地球的影响，而金缮似乎前所未有地契合了当前的语境。

"金缮的黏合处连接了过去和现在"

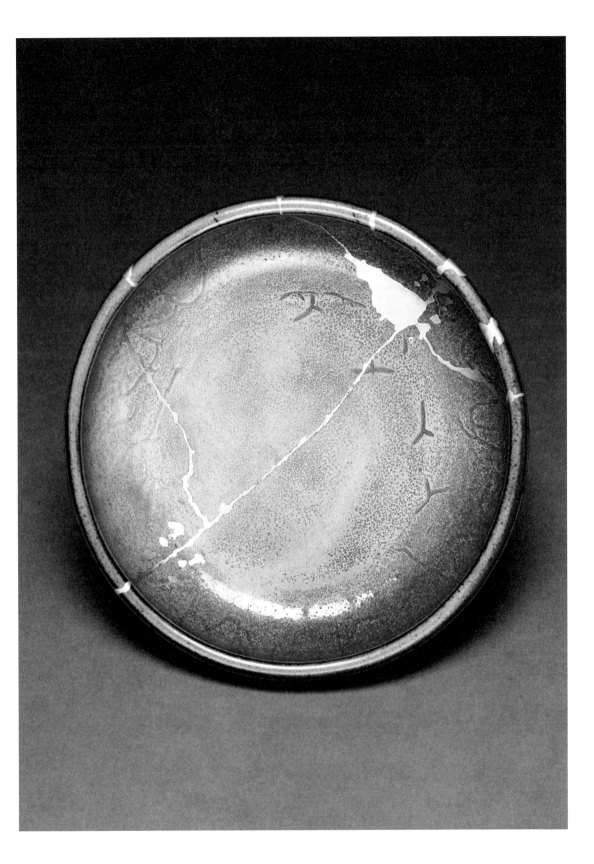

溪边人物坐像图碗

伊朗
1211—1212 年
釉上虹彩砂玻器，20.5 厘米

　　伊斯兰工匠对世界陶瓷做出的最重要的贡献之一是什么？虹彩。虹彩起初是用来装饰玻璃器的，首次被应用于陶器之上是在 9 世纪的伊拉克。10 世纪时，这种工艺传到了北非和埃及。后来这一工艺又回到了叙利亚和伊朗，并在 12 世纪和 13 世纪时传播到了西班牙。工匠们为了寻求新的市场和工作机会，迁移至各地，这种工艺也因此得到了推广。

　　陶工的技艺非常高超。虹彩不仅是一门昂贵的工艺，同时也是一门难以掌握的技术。陶工将以金属为基础的颜料（以及其他物质）稀释后，精心地将其施于已经提前上釉的器身之上，创作出具象、抽象或是书法文字的精美纹饰。接下来，器物被放置于窑炉中，在还原性气氛下进行第二次烧制。在这个过程中，一氧化碳会激发一种化学反应，使金属氧化物永久地固定于器物表面，从而形成虹彩陶器独特的标志性光泽。

　　这只光泽炫丽的碗，烧制年份为伊斯兰历 608 年，是 13 世纪早期伊朗生产的虹彩陶器中的顶级实例之一。这只碗的纹饰和做工显示，它出自一位经验丰富的工匠之手。从图像中的种种元素推断，这只碗可能源自卡尚（Kashan）。这座城市在 12 世纪晚期到 14 世纪早期，成为最知名的虹彩陶器生产中心。人物形象面若银盆，服饰奢华，有时单独出现，有时成群结队，正如我们看到这只碗所描绘的一样，这些都是与这座城市有关的典型图样。人物通常现身于户外场景，周围是一组风格化的植物、河流、飞鸟和游鱼，以此来表现风景。还有一个线索透露了这只碗可能烧制于卡尚，那就是碗内壁和外壁上的单圈或双圈文字边饰。这些文字通常是古波斯文学中的诗句选段。

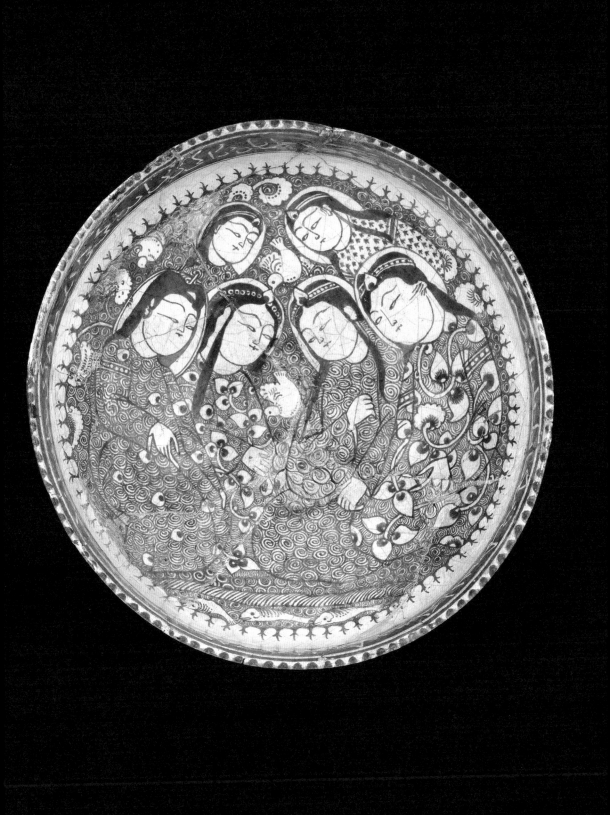

44

青白瓷贴花卉纹玉壶春瓶

中国
1279—1368 年
青白釉贴花瓷，28.2 厘米 × 15.5 厘米

14 世纪中期，在统一的前几年，元朝便已经在中国东南部的江西景德镇设立了"浮梁瓷局"，掌管陶瓷烧造事宜。这一地区最早在 10 世纪时便开始烧造瓷器，此地置于宋真宗景德年间（1004—1007），故以景德年号命名，景德镇由此而来。

在明代，景德镇成为御器厂所在地，并一直持续到 20 世纪初期，封建王朝结束之时。即使是现在，景德镇陶瓷研究院仍是陶瓷科研创新的前沿中心。

在 11 世纪的宋代，士大夫阶层不断发展壮大，他们崇尚绘画、诗歌、书法和古物鉴赏。11 世纪的中国经济繁荣，陶瓷产业蓬勃发展。技术创新的中心位于国家北部。不过，中国各地均有出产高品质的陶瓷制品。消费品广泛流通，原材料供应充足，人们对陶瓷技术的理解建立在实践经验的基础之上。其中，江西的这群工匠制造出了巧夺天工的陶瓷。他们从供宫廷使用的北方定窑瓷器获得了启发，经常采用相似的工艺和风格。乍看之下，景德镇位置偏远，四面环山，很难理解这里为何会成为陶瓷制造的中心。然而，这一地区出产优质瓷石，是古老的火山灰沉积物形成的，这种沉积物遍布东亚，并蔓延到整个中国南方和东南亚地区。窑炉烧制所需的木材，取自景德镇周边的山林中，当器物制成以后，便可以从城镇北部的昌江运往全国各地。以上几点或许可以解释，为何江西的陶瓷产业会设立在这样一个并不起眼的地方。

木材燃料在窑炉中会形成还原性气氛，制造出微微发蓝的冷色调釉面，而中国北方生产的白瓷则不然，北方白瓷以煤作为燃料，釉面呈现暖色调。带有这种清冷釉色的瓷器被称为"青白"瓷。青白瓷为日常使用而烧造，尽管它们如今备受推崇，极富收藏价值，但在它们刚被制造出来的时候，似乎并未受到格外的珍视。即使是在南宋、元代和明代，这些鉴赏家收藏宋代古瓷并且时常著文吟诵的时代，青白瓷也未曾被提及。

青白瓷的纹饰最早是被刻画在淡蓝色釉之下的，到了 14 世纪，则以钴蓝将纹饰绘制于未经烧制的坯体上，之后施一层透明或淡蓝色的釉。数十年后，用这种方式烧制的器物在装饰上更进一步，开始施加彩料——通过在较低的温度下进行第二次烧制，将彩料固定在瓷胎上。此后，除了 18 世纪时针对瓷釉进行的一系列试验以外，中国陶瓷的品质提升更注重细节改善，而非创新。明代和清代那些精美绝伦的官窑瓷器，拥有最细腻的胎和最纯净的釉，但是用于制作它们的原材料，却与用于烧造宋代青白瓷器的材料非常相近。16 世纪以后，大量的青花瓷和彩瓷在西方成为中国的象征，这是一个庞大陶瓷产业的另一个侧面。景德镇作为窑口的集中所在地，至今已经活跃了 1000 余年。

"江西的这群工匠制造出了巧夺天工的陶瓷"

45

柱石双后图注碗

意大利
约 1275—1375 年
锡釉彩陶（马约利卡），9.8 厘米 × 29 厘米

　　这只中世纪的单流注碗，最初来自意大利的奥尔维耶托（Orvieto）。它制成于大约 1275 年至 1375 年，是阿什莫林馆藏中年份最早的马约利卡陶器之一。制作这只碗的人在釉料中加入了氧化锡，使釉变得不透明，然后在器物表面施釉并作画。这种方法是在 1200 年前后从伊斯兰世界传入意大利的。

　　这件器物的色彩搭配简单朴素，以铜绿色和锰紫褐色装饰，是同类型陶器中年份最早的器物之一。在阿什莫林的藏品中，它属于一组被称为"古马约利卡"的陶器。

　　这类陶器很少能够传世至今或保持完好的品相。当近距离地用肉眼看这只碗，或是在显微镜下观察时，我们可以看到每个陶片的表面颜色和纹理都有所不同，一般来说，这体现了埋藏环境的细微区别。从而也说明这只碗可能由于破损而遭到了丢弃。

　　阿什莫林于 1954 年购入此碗，当时这只碗经历了全面的修复处理。修复师的处理方式，反映了当时的材料和技术水平，以及修复行业初具雏形时的一种典型修复方式。博物馆中很少有这一时期的记录，但是，修复材料的进步，使更为精细的修复工作得以进行。经过修复，这些破损的器物可以尽可能地接近其原本的模样。X 射线成像显示了最初的裂纹和进一步修补的区域，很明显可以看到，这两种修复痕迹均显现为白色斑块。我们还可以看出，那些遗失的残片，包括口沿缺失的部分，都用石膏进行了重塑；然后采用器物原本的纹饰风格，在这些修补的地方填涂纹样。尽管需要用肉眼非常仔细地查看，你可能才会发现这些填补和填涂的区域，但是当器物被紫外线照射时，这些区域会立刻变得非常明显。因为和陶瓷材料相比，这些区域会显现为明亮的荧光色。当我们将这只碗和 X 射线成像进行对比，可以清晰地看到，喷涂或上漆的部分延伸到了填补区域之外。

46

阿尔巴雷洛储物罐

叙利亚
1301—1400 年
釉下彩砂玻器，24.3 厘米 × 15.1 厘米

这只修长的圆柱形罐子属于一类储物器皿，这类器皿如今在意大利文里的名字是"阿尔巴雷洛"（albarelli，单数形式为 albarello）。不过，这些罐子从 9 世纪便开始烧制，起源于伊斯兰世界东部。在那里，这些罐子可能是用来盛放药材或是用于医疗的。

这些罐子很快在伊斯兰世界的其他地区流行起来，后来成为在整个地中海地区都广受欢迎的进口商品。早在 14 世纪，意大利就有关于叙利亚和埃及的陶制药罐的文字记录。据记载，从 1384 年起，它们就是普拉托（托斯卡纳）达堤尼商行（Datini）的进口货物，并且被列入佛罗伦萨一些庄园的库存清单中。后来的一些记录证实，到了 15 世纪中期，佛罗伦萨的商店里会出售大马士革器物，其中便包括阿尔巴雷洛罐。因此，在这个时间节点，它们已经是流行商品，是人们渴望拥有的家用器具。这些容器的设计符合工效学，经常出现在意大利的药店或香料店的货架上，从这些罐子的不同器形和比例可以看出，它们被用来盛装各式各样的物品和液体。

伊斯兰的阿尔巴雷洛罐，通常会使用几种不同的釉下工艺来进行装饰，但是这些装饰不会给观察者透露任何有关器物用途或所装物品的信息。从这只罐子上我们可以看到，纹饰的作用是强调器物逐渐增宽的器壁，通过纵向的花卉纹饰带来突出器形。罐子的肩部和颈部均以水平方向的饰带填充，纹饰是抽象图案或是不完整的阿拉伯文字，内容是常用的祝福语。但是，当意大利陶工开始烧造阿尔巴雷洛罐时，他们在文艺复兴时期的各个知名制陶中心生产出了各式各样的容器，并最终开始在罐身添加文字，来标记罐子用于盛放的物品名称。阿什莫林的馆藏中有一只威尼斯的阿尔巴雷洛罐，上面标记的文字写着"熊脂"（意大利文为"g.d.orso"）。我们知道，在 16 世纪，熊脂既可用作药膏，又可用于烹饪。

阿尔巴雷洛罐，即药罐
直壁，口沿外撇，以蓝彩描绘植物纹和文字卷轴
意大利，约 1500—1560 年
锡釉彩陶（马约利卡），17.4 厘米

猪形存钱罐

爪哇岛
15 世纪
粗陶，8.3 厘米 × 11.3 厘米 × 7.4 厘米

中世纪时，人们将钱币存储在陶罐或是其他容器中，这些器皿被称为"坯戈"（pygg）罐。坯戈是一种大量存在且经济实惠的黏土，通常用来制作家用物品或是储物容器，其中便包括用于存放钱币的器皿。随着时间的推移，"pygg"一词的拼写和发音演变成了"pig"（猪），器形也随之改变，这也许是陶工对谐音的一种幽默运用。

已知最古老的猪形存钱罐，是 12 世纪时在印度尼西亚的爪哇岛发现的。这只存钱罐由粗陶制成，年代是 15 世纪。在印度尼西亚，野猪和小猪是力量和富足的象征，因此与存钱有所关联。这只猪形存钱罐的顶部有典型的投币孔。然而，它的底部却没有能够取出钱币的出口和塞子。唯一可以取出罐中物品的方法便是"倾家荡产（砸碎钱罐）"。正因如此，极少有猪形存钱罐能完好无损地保存至今，这件器物也因此格外稀有和珍贵（尽管它腹中空空如也）。

人们倾向于一丝不苟地使用这些容器，钱一旦存入，便无法轻而易举地将其取出。因此，它的功能与银行非常相近——这也是银行的前身。如今，人们普遍认为猪形存钱罐的形状是未雨绸缪的存钱标志。支取钱币是一个不可逆的行为，因此主人必须做出明确果断的决定。所以，在 15 世纪时，存钱是一项非常牢靠的投入。

48

耶稣受难图盘

法国
1511 年
铅釉陶，37 厘米

    这只极为少见的盘子，是一组数量稀少的"耶稣受难图盘"中的一件，这组陶盘在 16 世纪初期烧制于法国北部的博韦（Beauvais）。除了这只以外，已知还有六只这样的盘子，均藏于法国博物馆，并且所有盘子上都有相同的纪年文字。1840 年代，博韦出土了一批盘子的残片，那批盘子与这一只是由同样的模具制成的。到了 1940 年代的战后重建时期，在法国西北部的南特（Nantes）亦有出土相似物品。在阿什莫林购入这件藏品之前，英国的公共收藏中还没有类似的器物。

    在盘子的口沿附近，清晰地模印出了耶稣受难的几个场景。不同场景的细节与加冕盾徽相间，其中就包括法国的一些盾徽，比如"海豚"（Dauphin，王位继承人）之盾徽，还有王后布列塔尼的安妮（Anne of Brittany）之盾徽。从耶稣受难图开始，沿着顺时针方向，我们看到的下一个画面，是耶稣受鞭刑时捆绑住他的那根柱子，同时还有九尾鞭、一捆桦条，以及在彼得第三次不认主之后鸣叫的那只鸡。接下来的画面里，我们将看到用来卸下耶稣遗体的梯子，还有一把锤子、一对钳子、一卷用于裹尸的亚麻布以及一个瓶子——里面装着用于敷涂身体的没药。接下来，我们会看到耶稣那件无缝长袍——士兵们拈阄争夺的便是这一件，然后是在客西马尼园（Garden of Gethsemane）中逮捕耶稣的军队，还有一只灯笼和马勒古的耳朵（马勒古是大祭司的仆人，他的耳朵被彼得一剑割下，画面中的耳朵就挂在这把剑上）。最后一个画面中，有犹大的 30 枚银币、刺穿耶稣侧腹的那把长矛以及绑在牛膝草秆上的海绵——人们用这块海绵蘸醋，浸润耶稣的双唇。

    盘中心的圆形装饰是 IHS 的花押字，周围是一圈焰舌纹。这组花押字代表了耶稣的名字在希腊文中的前三个字母，抄录为拉丁文便是：iota（希腊字母 I，在当时的拉丁文写法中与字母 J 无异）、eta（希腊字母 E，与罗马字母表中大写的 H 颇为相似）以及 sigma（希腊字母 S）。在这些凸起的纹饰周围有一周较小的盾徽，上面

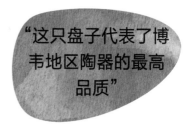

是查理八世（法国国王，1483—1498 年在位）的花押字和鸢尾花饰，中间由 AVE MARIA（"万福，玛利亚，耶稣之母"）几个字母隔开。口沿外围有一段拉丁语和法语文字，改编自《耶利米哀歌》（1:12）："O vos omnes qui transitis per viam attendite et videte si est dolor similis sicut dolor meus pax vobis. Fait en décembre MVCXI"（"你们一切过路的人哪，你们要观看，有像这临到我的痛苦没有。1511 年 12 月作"）。

盘子背面有用于悬挂的孔，由此我们得知，这只盘子是作为敬奉之物被挂在墙上的。布列塔尼的安妮（1477—1514）的盾徽和查理八世（1470—1498）的花押字，再加上带有年代的文字，说明这只盘子可能是为了纪念这对王室伉俪结婚 20 周年而定制的。他们于 1491 年 12 月成婚，起初安妮非常不情愿。婚姻契约规定，这对夫妻中的任何一人去世后，另一位将继续保有布列塔尼的统治权；不过，契约还明确规定，如果查理八世去世时没有男性继承人，安妮将与他的继任者成婚，以此确保法国王室对布列塔尼的统治。因此在 1498 年，查理八世去世后，安妮与路易十二成婚，此前路易十二与查理八世的姐姐让娜的婚姻被废除。安妮是一位重要的艺术赞助人，她的智慧和机敏使她备受仰慕。安妮的 14 次怀孕经历耗尽了她的体力，而其中只有两个孩子存活下来，最终她在 36 岁时去世。

这只盘子代表了 16 世纪博韦地区陶器的最高品质。布雷地区（Pays de Bray）的黏土品质之高，以及用这些黏土制成的器物品类之广，使博韦地区成为法国顶级的陶瓷中心之一。这件器物上的图像、纹章和详细的题词，使其成为一例绝佳的教学和研究素材。

49

阴茎组合头像图盘

意大利，1536 年
弗朗切斯科·乌尔比尼（1530—1536 年活跃）
锡釉彩陶（马约利卡），23.2 厘米

2003 年，在一次公开募捐后，阿什莫林购入了这只声名在外的意大利马约利卡陶盘。此后，这只陶盘被广泛展出，并引起了大规模讨论。在任意媒介上的文艺复兴时期绘画中，它都是最令人称奇的作品之一。

首先，最重要的一点是，这只盘子是一则玩笑，不过这则玩笑参考了更广泛的艺术语境。盘子的整体设计是一件戏谑之作，恶搞对象是文艺复兴时期的美人风格（bella donna）女性肖像画，也可能是与之对应、更为少见的男性版本。Testa de'cazzi 这一表述，和现代用语中的"蠢货"（dickhead，字面意思为"龟头"）一词意思相近，在这里指的则是该头像代表的人，我们可以猜测，这个人是朋友们亲昵调侃的对象。

这件马约利卡陶器——一种锡釉陶器——表面绘制了一颗画工高超的头颅，头颅由缠绕的阴茎构成，其中一根戴着一只耳环。缎带上写着如下语句："OGNI HOMO ME GUARDA COME FOSSE UNA TESTA DE CAZI"（"每个人都看着我，仿佛我是一个蠢货"）。盘子背面写有年代（1536 年）以及"El breve dentro voi legerite Come I guide se intender el vorite"（"如果你想要明白其中的意味，需要像犹太人一样阅读这段文字"）。该提示指的是，缎带上的文字像希伯来语一样，是从右往左书写的。

1530 年代，绘师弗朗切斯科·乌尔比尼（Francesco Urbini），在意大利中部的古比奥和德鲁塔工作。这件器物极其罕见，是对那些绘有女性肖像并标注了名字的马约利卡陶盘的一种调侃。这是马约利卡陶器的一个成熟类别，通常为年轻男性烧制，用来赠予心上人。这是一种文艺复兴式幽默，让我们想起讽刺作家彼得罗·阿雷蒂诺（Pietro Aretino）的文章中对性的露骨描写，还有列奥纳多·达·芬奇的艺术创想和志趣。这只陶盘的画风，类似画家朱塞佩·阿尔钦博托（Giuseppe Arcimboldo）用蔬菜和其他物品堆砌而成的人物头像，不过这只盘早于他的画作。1562 年以后，阿尔钦博托的这些作品，在布拉格的鲁道夫二世宫廷中风靡一时。

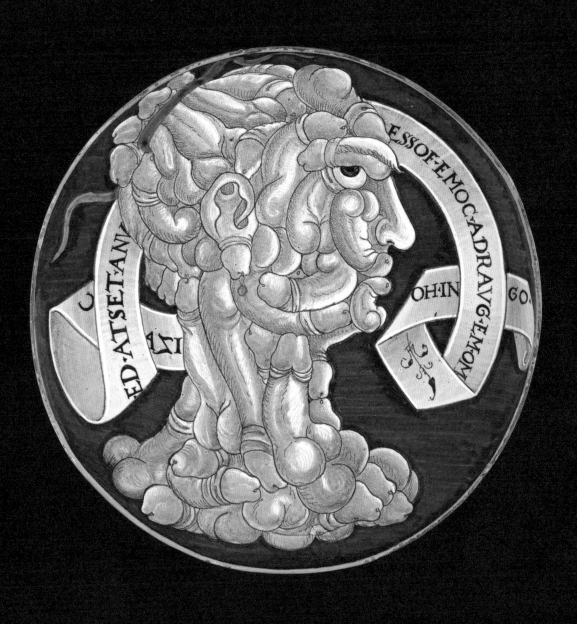

50

婴儿诞生图盖碗

意大利，约 1570 年
弗朗切斯科·帕塔纳奇（1560—1593 年活跃）
锡釉彩陶（马约利卡），15.5 厘米 × 8.4 厘米

在 16 世纪的马约利卡陶器中，这只盖碗属于一个标志性的类型：这套叠置的器物是送给一位新妈妈的礼物。碗心绘制了一位母亲坐在帐帘下，年幼的儿子站在她的膝头，向她伸出双手。孩子有着一对小巧的翅膀，说明这两个人物代表了维纳斯和丘比特。

在图像的周围，是三圈绳络纹。碗的内壁饰有怪诞风格的鸟类、花瓶和翼兽。外壁则饰有怪异风格的图像，包括带翅膀的怪兽，以及没有翅膀却戴着夸张头饰的头像柱（头像柱有着男性的头和上半身，下端是柱子）。还有跳跃的狮子和若干或许代表母狮的动物（尽管它们看起来更像犬类）。碗足绘有一圈相连的圆形。

碗盖的上表面中心，绘有一个人物形象：丘比特，他斜倚在一块岩石上，身上背着一个箭囊。圆形中心图像的周围，是一些怪物形象——两对犬、手举布幔的奇异女性半身像，还有类似昆虫的生物。在这周围，盖子下方的"凸缘"或是突出的边沿外侧，有一圈宽宽的绳络纹饰带，饰带的内侧和外侧，各有两圈简约的纹饰。碗盖的下表面有一个中心圆形，以橙褐色的灰调画法绘制，这是一种模仿雕塑效果的绘画风格。带有翅膀的丘比特站立于岩石风景之上，手持一把弓和一支箭。中心画面的外围是一些怪诞形象：戴着异域头饰的头像柱类生物、奇幻的鸟类和精致的涡纹装饰。

在文艺复兴时期的意大利，人们会举行仪式来庆祝孩子的降生，同时也会生产种类繁多的实物商品来纪念这类场合。这些商品通常是可消耗的精致食物，但是盛放这些食物的器具，在用过之后通常还有着很长的使用年限，可能会作为家族财产珍藏起来。15 世纪时，彩绘木制托盘是一种很受欢迎的礼物。公元 1500 年以后，由于马约利卡陶绘的精美程度得到了提升，意大利各地兴起了一股潮流，那就是马约利卡陶制作的一种专门的新生儿套礼：以碗、盖和底座为一套，并将其一一叠

放。没有一组齐全完整的文艺复兴套礼得以被保存至今。乌尔比诺是这类新生儿套礼的主要生产中心之一。乌尔比诺陶器中的新生儿套礼，通常会在一个或多个表面上进行彩绘，画面是新生儿主题的特定场景。有些案例会展现婴儿出生时的场景，

"在文艺复兴时期的意大利，人们会举行仪式来庆祝孩子的降生"

正在分娩的母亲身边，有一群女性在支持她、鼓励她；还有一些实例上，则描绘了家庭生活的画面，襁褓中的新生婴孩被精心呵护着。这些图景是对女性群体和哺育行为的赞颂——而父亲很少出现。

美第奇瓷壶

意大利
约 1575—1587 年
釉下蓝彩软质瓷，18.5 厘米

在历史的进程中，已知仅有 70 例左右的美第奇瓷得以保存至今，这只瓷壶便是其中之一。美第奇瓷并不是真正的瓷器，而是欧洲人在研究出烧制瓷器的秘方之前，尝试仿制中国瓷器时，创造出来的一种材料。自从 1850 年代，类似的器物被再次发现以来，美第奇瓷已经成为欧洲陶瓷中最受尊崇的类型之一。

在中世纪的欧洲，中国瓷器备受珍视，因为它们极为稀有。不过，到了公元 1500 年，中国瓷器通过伊斯兰贸易通道大量进入意大利，这些瓷器的硬度和通透性令当地的工匠惊叹。记录表明，仿制瓷器的早期尝试是在威尼斯进行的，而在洛迪、乌尔比诺公国和都灵，均有关于进一步进行制瓷试验的记载。大约 1561 年，在阿方索二世公爵（Duke Alfonso II）的资助下，欧洲人或许才在费拉拉首次成功仿制了中国瓷器。

不过，保存至今的欧洲"瓷器"中，最早的实例是在佛罗伦萨制成的，这种瓷器烧制于托斯卡纳大公弗朗切斯科·德·美第奇（Francesco de' Medici）的作坊。美第奇是一位极富热情的试验者，涉猎范围囊括科学、炼金术和艺术领域。1575 年，身在佛罗伦萨的威尼斯大使曾经记录道："大公弗朗切斯科·德·美第奇探寻到了烧制印度瓷器的方法，他成功烧造出了同等品质的器物——达到了相应的通透度、坚硬度、轻盈度和精致度。"

直到 18 世纪初，欧洲人才研究出如何烧制真正的中国式硬质瓷。为了烧制真正的瓷器，需要高岭土，还有能够实现极高烧制温度的窑炉，而这是 16 世纪的佛罗伦萨所不具备的。这只壶的胎，结合了伊斯兰陶器和意大利马约利卡陶器的元素。与在釉上进行彩绘的马约利卡陶不同，美第奇瓷采用釉下彩绘的方式。不过，这只壶上纹饰的主要灵感来源是中国瓷器，美第奇家族有大量的中国瓷器收藏。这件器物还受到伊斯兰蓝彩白陶的影响，而伊斯兰陶器本身也是在仿制中国瓷器。

　　这只壶的器形以及其他与之类似的器物，并非仿自中国瓷器。它更多地借鉴了马约利卡陶器，同时，它也从弗朗切斯科的作坊里，与陶工一同劳作的金匠、宝石工匠和玻璃工匠那里汲取了灵感。这些器物所需要的烧制温度，意味着陶工在挑战意大利窑烧技术的极限。留存至今的器物中，很多都有烧制瑕疵。然而这件器物，除了蓝料略微有些晕散外，几乎没有缺陷。包括这只壶在内，绝大多数已被认证的存世美第奇瓷都有款识，由一个圆顶图标和字母 F 组成，F 代表"佛罗伦萨"（Florence），或者也有可能代表"弗朗切斯科"（Francesco）。圆顶图标代表了

《藏家府上》
在这幅肖像画中，维多利亚时期的学者、收藏家福南先生身在他位于史丹摩的府邸中，周围是他的一些藏品，后来他将藏品赠予或遗赠给了阿什莫林博物馆。福南手中握着的便是这只美第奇瓷壶
查尔斯·亚历山大（1864—1915）绘
展出于 1893—1894 年
木板油画
38 厘米×56 厘米

佛罗伦萨圣母百花大教堂的圆顶。最终，在 1587 年弗朗切斯科去世后，佛罗伦萨的瓷器生产逐渐衰退。他的试验看起来对欧洲瓷器后来的发展方向并没有产生什么影响。

19 世纪末，美第奇瓷备受收藏的追捧。1879 年，C. D. E. 福南（C. D. E. Fortnum）先生在那不勒斯购入了这只壶。福南赠予和遗赠给阿什莫林的藏品，至今仍然是该博物馆文艺复兴时期雕塑和装饰艺术藏品的根基。 福南先生仍在世时，便向博物馆捐赠了他藏品的主要部分，不过，他将这只最为珍爱的瓷壶保留到了生命的尽头。

52

志野烧日本茶道点心碟

日本
约 1590 年
釉下蓝彩炻器，5.8 厘米 × 24.6 厘米 × 21.9 厘米

  这是一只志野烧彩绘炻器碟。志野烧是一种从 16 世纪晚期开始，在日本中部美浓地区的窑口烧制的器物。志野烧是第一种绘有醒目的彩绘纹饰的日本陶瓷。它们大多用于日本茶道中。

  从 13 世纪开始，日本人便会在一种正规的仪式场合中，饮用粉末状绿茶。到了 14 世纪，占据统治地位的武士阶层开始启用茶道。他们在大型宴会厅中举办盛筵，饮茶则是盛筵的一部分，同时还会展示从中国进口的宝物，以此彰显主人的显赫地位。

  16 世纪时，茶道偏离了这种浮夸炫示的风格，出现了一种新型的饮茶方式，那就是侘茶。"侘"这个表述取自诗歌，意为安静简朴并带有一丝哀伤的雅致，也就是从朴素、简陋和瑕疵中寻得的美。茶会从一种奢侈的娱乐和展示形式，转变为一种强调美学和心灵感知的内在修行。此前，茶道师会使用昂贵的中国茶器，如今他们则将本地那些外观质朴的器具纳入茶道之中。

  随着人们对日式风格茶器的需求不断增长，在诸如美浓地区的这些窑口里，本土陶瓷的产量也有所增加。志野烧器物由于其简单率性的装饰纹样，受到了茶道大师的青睐。茶道大师欣赏它们那令人愉悦的、凹凸不平的肌理，还有厚厚的半透明长石釉呈现出来的乳白色泽，正如我们在这只长方形小碟上所看到的那样。盘子的四个角呈委角花口式。下承四个短足，是通过将一块黏土按压在模具上制成的。绘师选择以釉下钴蓝彩描绘花草纹饰，可能是受到了中国南方为日本市场烧造的青花瓷器的启发。在日本茶会中，这只小碟应该是在怀石料理（一系列小巧精致的餐点）环节用于盛放食物的。

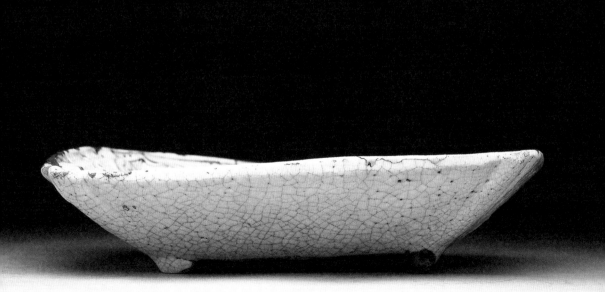

53

帕利西盘

欧洲
1601—1650 年
模印装饰彩陶，19.3 厘米 × 24.6 厘米 × 12 厘米

阿什莫林博物馆建于 1683 年。在建馆两年后的博物馆目录中，对这些器物的拉丁语描述如下："椭圆形瓷盘……[内有]用手遮挡私密处的裸体女性"。在阿什莫林的建馆藏品中，只有少量陶瓷器得以保存至今。这些便是其中的几件，它们甚至可能曾是特雷德斯坎特（Tradescant）家族的早期珍藏品。该家族位于伦敦南部的兰贝斯，对于前来观赏家族所藏自然奇物和人造珍品的那些参观者，他们会收取费用——通常是根据参观时间进行收费。

1656 年，阿什莫林的创立者伊莱亚斯·阿什莫尔，帮助小约翰·特雷德斯坎特（John Tradescant the Younger）创建了特雷德斯坎特家族的藏品目录。这份目录罗列了"不同种类的瓷盘"，其中就可能包括这几只。主图中的盘子很明显是一个新奇物件。它的造型是一个女人交叉双腿躺在浴缸内；她的手中握着两只丰饶角，可能代表生殖繁衍。

这只盘子的底部有大理石花纹，它曾经破损并经过修复。在女人的脑后，盘子的外沿上装饰着海扇，这些海扇看起来是用天然标本压模成形的。与其说这只盘子在桌台上有什么特定的用途，不如说可能只是一件单纯为了逗人笑的物件。不过，我们猜测，它可能被用于粗俗下流的酒桌游戏中，随着盘内的液体被喝掉，裸露的人体便会逐渐浮现。17 世纪早期，法国讷韦尔的意大利陶工，制造了一种类似器形的锡釉陶器，被称为贡多拉（gondolles）。一些专家认为，这些器物可能是女人沐浴时用来舀水，然后浇到自己身上的。伦敦还烧制过同一器形的其他锡釉版本——低地国家可能亦有烧造。

一位名为伯纳德·帕利西（Bernard Palissy）的法国陶工研发过一种陶器，他会精巧地模印出凸起的人像，再用色彩鲜艳的铅釉进行装饰。帕利西生于大约 1510 年，后来他因信仰新教而入狱，并于 1590 年在巴士底狱去世。为了制作这些不同

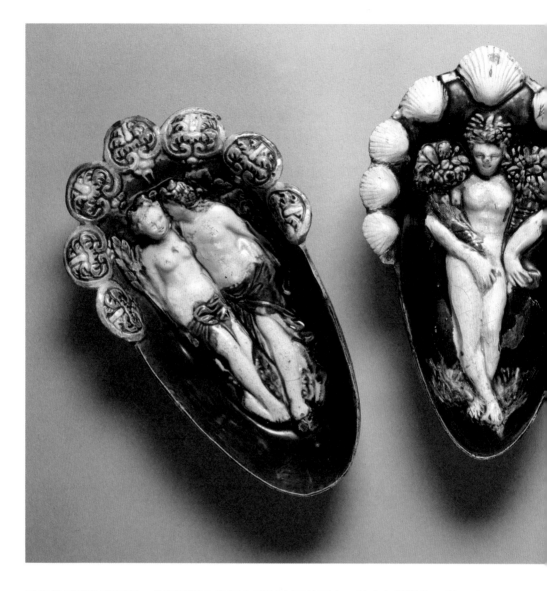

寻常的浮雕装饰陶瓷，他利用真实的标本模制出天然形态，其中包括植物、蛇、青蛙、海洋生物和贝类。他的作品影响深远。在法国多个地区，他的追随者继续用这种方式烧造新作品，直到 17 世纪。到了 19 世纪，当收藏家再次发现他的作品时，他们认定所有这类陶瓷都出自他的作坊。后来，人们又认为这种器物出自枫丹白露的克洛德·贝尔特莱米（Claude Bertélemy）作坊，以及诺曼底的勒普雷多日（Pré-d'Auge）。目前尚无明确的记录或考古实据证明这些器物是在哪里烧制而成的。它们仍然被统称为"帕利西瓷"。

帕利西盘
欧洲，17 世纪初期
模印装饰彩陶，约 20 厘米

象形军持

伊朗
1601—1700 年
釉下蓝彩砂玻器，22 厘米 × 17.5 厘米 × 11.5 厘米

传统上来说，在瓷器上使用钴料，被誉为中国陶瓷史上最关键的发展之一。从元代（1271-1368）开始，青花瓷的烧造使中国瓷器享誉全球。西亚地区很快成为对中国陶瓷最狂热的市场之一。

伊斯兰地区的统治者，譬如萨法维王朝（1501—1736）和奥斯曼帝国（1299—1922），大量购入这类器物，以至于萨法维王朝的阿德比尔神庙（Ardabil），还有伊斯坦布尔的奥斯曼帝国皇宫，成为中国之外两个最丰富的中国瓷器收藏地。

除去受到中国的启发，从 9 世纪开始，钴料便已经是伊斯兰陶瓷美学的一部分（参见第 118 页的两只锡釉碗）。13 世纪初，在伊朗地区，钴料普遍被用于釉下装饰。因此，中国取得的突破，实际上也有可能源自伊朗采用的材料和技术。近期，在景德镇发现了元代初期带有波斯文的器物，从而进一步证明了两地间存在直接的技术交流。

15 世纪晚期，钴蓝釉下彩绘再次在伊朗出现。到了 17 世纪和 18 世纪，它成为伊朗陶瓷生产中的主流审美。在诸如马什哈德（Mashhad）和克尔曼（Kirman）这样的陶瓷中心，生产出了精美绝伦的器物。这些器物既借鉴了东亚传统，又融合了本地工匠的创意。这只象形军持，是一件参照了中国瓷器原型的忠实复刻品。军持是一种盛倒液体的器皿，在马来语中的名称是"kendi"。不寻常的是，这只军持保留了象鼻——这一夸张的特征和东亚地区的实例很相似。象鼻呈现为类似缎带的凸起，修饰了大象的颈部。华缛的披搭遮盖了象身，只有象尾露在外面，带有浅浮雕效果，摆向身体的一侧。

55

桃形盘

日本
约 1630 年
釉下蓝彩瓷，7 厘米 × 27 厘米 × 26 厘米

在欧洲，日本外销瓷较为常见，因为在 17 世纪下半叶和 18 世纪上半叶时，欧洲进口了大量此类器物。这类瓷器为人熟知，还因为它们有大量的欧洲仿制品。阿什莫林博物馆拥有世界上最出色的一组日本外销瓷收藏品。

然而，在出口贸易开始之前的大约 50 年中，日本生产的瓷器在欧洲鲜为人知。几乎没有收藏展示过这类器物。公元 1600 年前后，日本人开始在唐津南部的炻器窑口烧制瓷器，该地区位于九州岛，离如今的有田町较近。最初，这类瓷器制作粗糙，而且装饰简陋。唐津的陶工对源自朝鲜半岛的瓷器风格进行了改进。朝鲜半岛瓷器的纹饰，通常是在透明釉下以铁褐色彩料绘制而成。而有田烧瓷器的纹饰，则通常饰以釉下蓝彩。

我们认为，17 世纪最初的十年里，在更接近有田町中心的地区，专门修建了一些窑口来烧制瓷器，因为该地区离盛产瓷土的泉山更近。其中一座早期窑口叫作天狗谷，阿什莫林收藏中有若干件在这一窑址发现的器物。在瓷器生产最初的 50 年间，随着窑口的规模越发完善、陶工的技术日益精进，瓷器的风格和器形也得到了进化。在这一时期，日本开始更普遍地使用较为廉价的瓷器。铁褐色和青釉彩料几乎从最开始便被采用，但是工匠们主要使用的是釉下蓝彩（1620 年代的若干年中，工匠曾使用过釉下铜红彩，但一直不是很成功）。这种形式简约的所谓朝鲜半岛风格的初期伊万里瓷器（Shoki-Imari），不久便被各式各样的器物取代。

16 世纪，日本茶道发展成一种精英阶层的艺术追求，并采用了来自中国的古陶瓷。当日本瓷器出现之后，它的发展与茶道大师的需求息息相关。尽管器物的外观较为朴素，其制造者却技艺高超。由于新兴的日本制瓷产业还不是非常高效，于是中国陶工加入市场，他们将天启时期（1621—1627）的瓷器从景德镇出口到日本。天启瓷器是为了适应日本客户的品味烧造的，因此它们实际上是日本瓷器的中国定制品。

　　随着窑口的数量增多、效率提高，同时，由于人们的审美品味各异，在 1630 年代和 1640 年代，日本生产了更多的瓷器。大多数窑口生产类似的器物，少部分窑口则别具特色。阿什莫林馆藏中最精致的一件藏品，便是这只深壁桃形盘，盘外壁有纵向的凸起棱线，盘心绘两位中国高士立于树下，其中一棵树的枝头栖息着一只大鸟。这一纹样体现了 17 世纪时日本人对茶道器具的典型审美。在正式的茶道中，设有佐茶而食的怀石料理，几乎可以确定，这只盘子实际上就是极为少见的用于怀石料理的器具。这类器物的烧造时间，不大可能早于 1640 年代太久，但是这只盘子具有很多更早时期的器物特点。它的圈足非常厚重，然而直径相对较小。1630 年代，较为简陋的窑具（架板和其他在烧制过程中用于叠放、分隔坯件的装

置）尺寸过小，无法容纳大圈足器物，使得陶工不得不将器壁造得较厚。盘子的釉面不均且粗糙，上面还留下了施釉匠人的若干指痕。此盘的纹饰画工草率，人物的身形被拉长，植物造型奇特，而且鸟儿体形过大。

1659 年，在从荷兰东印度公司接到第一批大订单后，日本窑口便转型专门生产外销瓷。而类似此件的本土瓷器，只在两三个窑口继续烧造。我们不知道工匠为海外顾客烧造器物的同时，具体又持续生产了多久类似这样的器皿，也就是年代更晚的初期伊万里瓷器。不过，持续的时间不大可能超过 20 年。大多数烧制初期伊万里瓷器的窑口，最终不是停止生产，便是大规模扩张，因为工匠集体汇聚到了 10 座（后来变为 11 座）窑口，专门烧制日本外销瓷。

56

穴怪纹饰壶

英国
1625—1650 年
锡釉彩陶（代尔夫特式），28 厘米

锡釉陶工艺，即马约利卡陶器，在意大利发展到了高度精湛的水平。公元 1500 年后，这种工艺被传播到了欧洲北部。很多离开本国的意大利工匠移居到安特卫普。为了逃离宗教动乱，两位信仰新教的意大利陶工，约里斯（Joris）和贾斯珀·安德里斯（Jasper Andries），从安特卫普来到英格兰，并于 1567 年在诺里奇安顿下来。

不久，在来自低地国家的移民的主导下，锡釉产业在伦敦建立起来。产业始于东伦敦，后一直延伸到泰晤士河以南。再后来，在兰贝斯、布里斯托尔和利物浦等地，工匠们生产出了英国版本的锡釉陶器，我们称之为"代尔夫特式陶器"（delftware）。17 世纪第二个 25 年时，有一小批代尔夫特式陶器烧制于伦敦，这只陶壶便是其中一例。

该容器非常引人注目，器身绘以蓝彩，纹饰主要是卷叶和花卉。在器身正面的枝叶间，有一彩绘的怪诞形象，后背有双翼，下肢长着动物的腿和脚。他那截断的手臂向内蜷曲，呈涡旋状，且头戴尖帽。在壶柄下方，有一相似形象，他双臂交叉，双腿和双脚形似鱼尾，头戴圆顶帽。在壶的一侧，还有一颗脑袋，套拉夫领的头上戴着尖顶帽。壶柄上绘有交织曲线的饰带，器身下方则绘有四根水平环绕的线条。

究其根本，这些形象源自古罗马壁画。1480 年代，当古罗马壁画被发现后，富有好奇心的艺术家仔细学习研究了这些壁画。文艺复兴时期开始采用这类图像作为装饰，形式类似于这只壶上的纹饰，这些图像被称为穴怪（grottesche）。最早出现穴怪纹饰的是马约利卡陶器，包括绘制于锡耶纳的陶砖，这一类型的纹饰继而变得广受欢迎。16 世纪的艺术家，本韦努托·切利尼（Benvenuto Cellini）在他的自传中阐述了这一术语的起源：

> 穴怪是现代才得名的。研究者在罗马的某些地下室里，发现了这些图

像；这些地下室曾是卧室、浴室、书房、起居室或其他类似的房间。研究者在这些洞穴一样的地方找到了这类装饰，由于从古代开始，地平面便一直在上升，导致这些房间如今已经降到地下，又因为这种地下空间在罗马被称为洞穴（grotte），于是这类纹饰便由此得名"穴怪"。

壶的颈部绘有枝叶纹，正面有一个框栏形设计，其内是一个字母"D"位于字母"IE"的上方。这是一对伉俪的姓名首字母，他们是这只壶的第一任主人："D"（他们姓氏的首字母）居上，"I"和"E"（他们名字分别的首字母）在下。这种首字母的三角形排列是一种英式传统，尽管它并不是英国独有的设计。在这一装饰的上方和下方，是若干水平方向的线条，还有虚线与三颗圆点交替排列的纹饰。

意大利工匠制作马约利卡陶器的时候，借鉴了源自伊斯兰地区的工艺，并将其转化为一种富有艺术性的成果，将文艺复兴时期意大利全部的能量和创新注入其中。他们制作的产品广受欢迎，刺激了意大利和海外的需求。陶瓷史学家可以通过分析不同的绘画风格，来追踪陶工的迁徙动向。不过在这一时期，陶工引以为傲的主要是在技术方面的能力：通过实践积累的知识，使他们了解哪种黏土、哪种釉料以及哪种彩料能最好地融合，从而烧制出令人满意的作品。一些陶工到访海外，将自己的技艺带到新的市场，有些人自立商户，有些人则在一定程度上寻求了王室、市府或是贵族的资助。在这些陶工最终定居的国家里，他们创造了新的艺术表达形式。17世纪时，这些艺术形式在欧洲中部和北部发展为极富创意的产品，以现在的眼光来看，这些作品完全体现了其各自所在国家的文化特点。

通过加入锡使釉料变得不透明，这种处理方法是公元800年前后的时候，在今伊拉克地区发明的，发明者是住在巴士拉港口或附近的陶工。早期的锡釉陶器残片，是和从中国进口的白胎瓷器残片一同被发现的。显然，这些工艺精美、高温烧制的中国器物，启发了阿拔斯王朝（750—1517）的伊斯兰陶工。然而，这些手工匠人没有渠道获得所需的烧制黏土或是窑炉技术条件，来制作出看起来与精致白瓷类似的釉。从这一时期开始，直至今日，在伊斯兰世界和西方世界的标准里，精致餐具基本为白色，这与传承自希腊罗马的红陶和黑陶传统有所不同。

大约在同一时期，这一地区的陶工研发出在陶器表面添施金属虹彩的技术。这种工艺难度高，似乎借鉴自玻璃生产，它为陶瓷制品增添了一种迷人的烁光。锡釉和虹彩背后的工艺，在不断扩张的伊斯兰世界得到了传播，它们将陶瓷推上了奢侈品的级别。位于中世纪著名的比萨港的教堂，见证了伊斯兰陶工的深远影响。从大约公元1000年开始，在那以后的300多年里，建筑工人会将色彩缤纷的碗嵌入建筑正面，这些碗通常是从埃及、突尼斯、摩洛哥和西班牙进口的虹彩碗。

57

青花人物图诗文花觚

中国
1639 年
釉下蓝彩瓷（青花瓷），46 厘米 × 22 厘米

如果让一个人去想象一件中国瓷器的样子，那么浮现于他们脑海的可能便是类似这样的青花瓷器。青花瓷最早大量生产于元代。

当时，闻名遐迩的景德镇窑已经颇为成熟。明朝时期，在那里设立了御器厂，专门为皇帝和朝廷供应瓷器。到了明朝第三位皇帝在位时，也就是永乐年间（1403—1424），官窑器物上添署了刻于釉下的年款。永乐时期以后，用钴蓝料书写的年号取代了刻款的惯例。1620 年代，随着明朝衰落，朝廷终止了对景德镇的拨款。各窑口开始由私人运营，为了顺应新市场，生产新颖的式样。直到 1683 年，清朝的康熙皇帝（1661—1722 年在位）恢复了御窑的运营。[1]

制瓷的工艺保持不变。陶工将瓷土塑造成形，稍作干燥，用钴蓝在器身绘制纹饰，在上面再覆盖一层透明釉，然后进行烧制。在明代的大多数时候，瓷器纹饰较为正规，备受青睐的式样有龙纹、鸟纹和花卉纹。然而，到了 17 世纪中期，出现了图像画片——画面通常描绘著名戏剧、小说或民间传说中的人物。瓷器纹饰模拟了纸本或绢本的水墨画。像绘画一样，这些瓷画会添加诗文，有时甚至还有钤印，参考了古典"三绝"——诗、书、画。花觚上的诗文，是宋代诗人杜耒（1180—1225）的诗：

寒夜客来茶当酒，竹炉汤沸火初红。

寻常一样窗前月，才有梅花便不同。

己卯［1639 年］仲春月写

1　有学者认为，清朝御器厂恢复生产的时间至迟不晚于顺治八年（1651）。

58

荷兰东印度公司花押字克拉克瓷盘

日本
1660—1690 年
釉下蓝彩瓷（染付），39.7 厘米 × 6.8 厘米

当这只大盘在日本烧制时，欧洲人尚未研发出烧制瓷器的秘方。这只大盘烧制于日本的瓷器中心有田町，是为了经由荷兰东印度公司出口到欧洲而烧制的瓷器。

盘心是该公司的花押字 ——"VOC"（Vereenigde Oostindische Compagnie）。在标志周围，绘师描绘了两只神话中的凤凰，还有山茶花和桃树花枝。盘子口沿一周为宽边饰，由交替的开光[1]构成，开光中绘有盛开的梅花和竹子。开光之间则是较窄的分隔栏，以蓝色为背景，绘简单的缠枝花卉纹。

此风格瓷器——带有开光边饰和釉下蓝彩花卉纹饰，被称为克拉克瓷（kraak）。这种瓷器最初是在 16 世纪晚期，烧制于中国景德镇的窑口，并由葡萄牙商人出口。在欧洲，富有的藏家非常珍视宝贵的进口瓷器，将其视为一种身份象征。克拉克这个名称，据信源自 carrack 或 caracca 一词，是运营亚洲贸易的葡萄牙大帆船的名字。然而，到 1660 年代初，荷兰东印度公司开始主宰欧洲与亚洲之间的贸易。

荷兰东印度公司成立于 1602 年，在此后的 200 年里，这家实力雄厚的公司为荷兰带来了巨额财富和极高的国际地位。他们不仅开拓了辽阔的商栈网络，还发动战争、签订条约、建立殖民地并交易奴隶。不过，由于荷兰东印度公司对日本没有可察觉的威胁，日本准许该公司继续在日活动，而其他欧洲国家则不被允许停留。1540 年代，葡萄牙和西班牙的商人和传教士曾到达日本，但是由于基督教信仰的干预，1639 年，他们被日本政府驱逐。而荷兰人并非天主教徒——比起民众的精神信仰，他们更看重利益，因此他们成为唯一获准留在日本的欧洲国家居民。不过，他们也受到限制，只能在出岛（长崎港内的一座人工小岛）活动，同时，受到严密的审查。

---

1   瓷器上以线条勾勒的框栏，边框内绘制各式纹样。

　　荷兰东印度公司的董事会，一直将瓷器视为一种有利可图的商品，尽管利润空间较小。17 世纪初，中国瓷器供应充足且价格低廉，导致公司最初对日本器物关注甚少。不过到 1640 年代，明朝衰落，中国陷于内乱，中国的瓷器贸易随之中断。因此，转而投向日本来填补空缺，是一个符合逻辑的决定。起初，大量的日本外销瓷沿用了中国外销瓷的风格，因为这些风格已经被证实为成功的范例。在景德镇，这些风格是专门为出口而研发的，其中便包括克拉克风格。克拉克瓷这一表述，最

早是 1670 年代中期，在荷兰的家宅库存清单中被发现的。这些克拉克瓷上的绘画，通常画工纯熟，但并不十分细致。这种风格几乎总是被应用在敞开式造型的器物上，例如盘子和碟子。带有 VOC 标志的盘子，可能是一种非常早期的公司内部宣传形式。它们可能是供等级较高的公司职员在亚洲的贸易据点使用的，也有可能被用于船上的长官舱中。考古发掘者在出岛的荷兰人定居点中，发现了相似盘子的残片，出岛便是荷兰东印度公司位于长崎的日本贸易据点。

59

变形花卉纹罐

日本，1670—1680 年
柿右卫门
釉上彩瓷，41 厘米 × 29 厘米

　　1990 年，大英博物馆举办了展览"宫廷瓷器：欧洲的日本潮流（1650—1750）"，展览中的许多件日本瓷器都是由阿什莫林出借的。对于这一时期的日本外销瓷，阿什莫林是日本以外品质最高、涵盖最广的收藏地之一。

　　这类器物式样极其多变，当时欧洲对这类瓷器有着巨大的需求，多数时候这些器物用于陈列展示。阿什莫林也向历史皇家宫殿组织（Historic Royal Palaces）出借了许多藏品。他们复原了 1693 年时，在肯辛顿宫的女王画廊中，女王玛丽二世的瓷器陈列。

　　在阿什莫林的日本装饰艺术展厅中，最精美的器物之一，便是这件雍容华贵的早期柿右卫门大罐。柿右卫门瓷器，与一个家族、一个窑口以及一类非常具有辨识度的风格有关。这只罐子上的纹饰配色，是典型的柿右卫门彩料的早期用色风格。它向观者展示了绽放于游廊旁的花卉植物，绘画风格大胆艳丽，画面上方绘有精致的边饰。约 1670 年，这件器物烧制于有田町，位于日本南部的九州岛。这一时期，荷兰东印度公司为荷兰和西方其他国家定制了大量的彩绘瓷器，在荷兰，瓷器的价格极其高昂，大型器物可以卖出很高的价钱。

　　这只大罐格外硕大雄浑，它可能是已知的同类瓷器中，尺寸最大的一只（不可否认的是，这一类型本身便非常少见）。烧制完成时，它原本应该有一只带钮的拱顶形盖，罐子的高度为 41 厘米，如果加上盖子，总高度会再增加 8—10 厘米。这个尺寸的器物是极难烧制的。有田町的陶工没有为欧洲市场烧制这类器形的经验，黏土也不太容易掌控。烧制的过程较为浪费，这是因为在窑炉内，热量难以散发，而且这件器物占用了很大的窑内空间。这只罐子的器身有些变形，这是因为窑炉其中一侧的火焰过热，过度加热导致了接近器底的部分微微下陷。令人震惊的是，这只大罐仍然可以立住。

陶工舍不得抛弃这样一件器物，单纯是因为成本投入太高。同时，毕竟这只罐子尚能立住，而且是打算出售给外国人的。与其试图去隐藏它的缺陷，不如利用装饰纹样强调器形，施彩的工匠用明亮的绿色彩料遮盖住器身隆起的部分，来表示地面，再在其上方绘鲜花盛开的树木。陶工将他们最高超的画技，尽情挥洒在绘画中。柿右卫门家族似乎在成为陶工之前，曾经是施彩工匠，而这件器物很有可能是在柿右卫门窑建立之前制成的。即使是在柿右卫门窑开始生产瓷器的时候，窑口也从未烧制过束口器物，比如罐子或瓶子，更从未烧制过类似如此大尺寸的器物。窑口专门供应碟、盘、杯和碗——这些都是敞口器物。而柿右卫门彩绘的束口器物，比如这只罐子，则是在其他窑口烧造的，柿右卫门的陶工只是负责填施彩料而已。

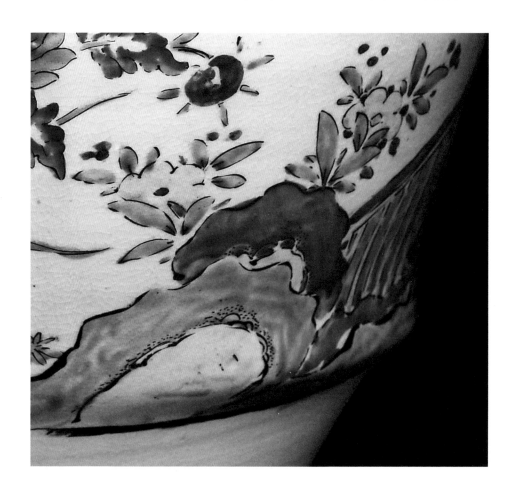

60

托夫特泥釉陶盘

英国
约 1670 年
泥釉陶，43.4 厘米

17 世纪时，制作于斯塔福德郡的盘子，装饰往往略显素朴，这只盘子大而深，是其中一件气势雄伟的实例。烧制这些盘子的地区，位于如今的特伦特河畔斯托克附近。

19 世纪，这一地区成为世界上最高产的陶瓷中心之一，被称为陶都（Potteries）。不过，类似这只盘子的器物，代表这一地区最早期的产品，展现了艺术追求。这类器物制作于制陶产业采纳工业化生产方式之前的那数十年。

为了生产泥釉陶器，在器物进入窑炉烧制之前，工匠会用彩色黏土的液态混合物，也就是泥釉，在粗糙的素坯容器上绘制装饰图案。17 世纪下半叶，这种工艺在斯塔福德郡蓬勃发展。这只盘子以棕色、橙色和黄色泥釉装饰，用泥釉在未经烧制的坯体上进行绘制，就像蛋糕师用糖霜装饰蛋糕一样。接着，在盘子上施一层铅釉，并入窑烧制一次。方铅矿釉带给器物一种发黄的色调，在浅色区域尤为明显。浅黄色的坯体上，施有一层乳白色泥釉作为背景色。在这一区域，我们看到王政复辟时期的一对贵族男女的肖像，位于一朵简化的百合花之上，绘画风格较为稚拙。其中男性或许是约克公爵詹姆斯（后来的詹姆斯二世），他是查理二世的弟弟。这名女性可能是他的妻子，安妮·海德（Anne Hyde），她是克拉伦登伯爵之女，也是玛丽二世和安妮女王的母亲。如果人物身份确实如此，这只盘子便是一例早期的王室纪念品，也许是为了新兴的中产阶级市场而生产的。几乎可以肯定的是，陶工有意让这只盘子成为观赏品，支放在碗橱或是餐柜之上，而非仅被当作餐具使用。

制作这类作品的主要工匠中，有两位是来自特伦特河畔斯托克的一对父子，两人的名字都是托马斯·托夫特（Thomas Toft）。在这只大盘的口沿附近，我们可以看到以大写字母书写的这个名字，就位于公爵和公爵夫人肖像的下方。

漆绘伊万里瓷瓶

日本
1701—1720 年
漆绘描金彩瓷，63 厘米 × 45 厘米

17 世纪和 18 世纪时，装饰华美的日本瓷器和漆器，在欧洲的豪宅和宫殿中起到了重要的装饰作用，这些器物彰显了主人的财富和卓越品味。

这五件成套的器皿（一组装饰性瓷瓶），曾经为奥尔索普庄园（Althorp）的斯潘塞（Spencer）家族所有。在已知的所有伊万里瓷中，这套瓷瓶当属最大、最华丽的一例。伊万里瓷烧制于有田町，是为西方奢侈品市场而生产的，并由荷兰东印度公司运往欧洲。

这组器物以釉下蓝彩、釉上彩料和金彩装饰，饰有典型的伊万里风格纹样，描绘了日本寺庙建筑的图案，这些寺庙坐落于春天的樱花和秋日的枫叶之间。这是一组格外少见的实例，因为大部分表面均被黑漆覆盖，并有贝母镶嵌，以及手工描画的金彩牡丹纹和菊花纹。漆绘填涂工艺的完成地点，若非日本的制漆中心京都，便是长崎。

当时，瓷器和漆器在欧洲属于最受推崇的日本商品，因此，用这样的方式将两种材质相结合，代表了一种极致的奢华。这组器物应该是最为顶尖的奢侈品。实际上，这组器物也有可能是孤品。有几件类似，但是没有贝类镶嵌的瓷瓶，分别藏于德国的几座宫殿、荷兰的罗宫（Het Loo Palace）以及碓井氏的私人收藏中。还有一套件数不全的漆绘器物，属于更晚期的风格，目前藏于西约克郡的诺斯特尔修道院（Nostell Priory）。不过，根据目前已知的情况来看，并不存在完整的另一套这一类型的瓷器。

在奥尔索普庄园，一代接一代的斯潘塞家族成员都是热忱的艺术品收藏家。奥尔索普庄园的陶瓷收藏，算是整个国家最丰富雄厚的私人收藏之一，并且包括了中国和日本外销瓷的重要藏品，其中很多都是由令人敬畏的马尔博罗公爵夫人萨拉（Sarah, Duchess of Marlborough，1660—1744）购入的。她是一位富有且具有

影响力的女性，也是一位重要的 18 世纪艺术品收藏家。她的次女安妮，嫁给了查尔斯·斯潘塞（Charles Spencer），第三代桑德兰伯爵（Earl of Sunderland），也是奥尔索普庄园的主人。按照家族传统，这组瓷器是公爵夫人的"印度瓷器"收藏的一部分。值得一提的是，大约 1712 年，萨拉的丈夫马尔博罗公爵，在德国度过了一段流

放时期，在那里，他可能目睹了美轮美奂的日本器物掀起的潮流。在公爵夫人逝世两年之后，本杰明·古迪森（Benjamin Goodison）为奥尔索普庄园整理了 1746 年的库存清单，里面记录了若干只"瓷盖罐"。

白瓷青画铁画葡萄纹壶

韩国
约 1690 年
釉下彩瓷，39.7 厘米 × 38 厘米

这只罐子极其少见，与其最接近的例子，是一件被列为韩国国宝的器物。那只瓷壶（韩国国宝第 93 号）略矮于这只，纹饰仅为褐色铁画，器身描绘了一只猿猴，悠荡于两根藤条之间。

阿什莫林的这只壶，可能是 1690 年代，在位于京畿道光州的官窑烧制而成的，官窑专为朝鲜王朝（1392—1897）王室供应陶瓷制品。起初，这些窑口专门烧制纯白瓷器，但最终，工匠开始对器身进行装饰，用钴蓝或是铁红绘制纹饰，极偶尔的情况下也会用到铁褐色（类似这件）。葡萄藤叶被勾勒得细腻而富有层次，与蓝紫色的葡萄相得益彰。

从器形上看，我们可以将这只罐子判定为一只"月亮罐"。大多数类似的罐子，制作于 18 世纪初期。月亮罐通常由不带装饰的白瓷制成，它们因形似满月而得名。大多数月亮罐的高度与这只相同，或是稍大一点。由于罐体尺寸过大，整件器物很难在陶轮上制作成形，因此会分为两个部分来制作，再将两部分沿中心线接合。两部分很少能够严丝合缝地拼在一起，大多数的月亮罐也并非完美的球形。不过，月亮罐的推崇者认为，类似盈凸月[1]或亏凸月[2]的造型，更能唤起人们对天空的遐想。

月亮罐通常是纯白色的，因为朝鲜王朝王室更倾向于在儒家仪式中使用不含装饰的白釉器皿。这只瓷罐的画工精细、纹样雅致，在朝鲜半岛陶瓷作品中是一件近乎完美的杰作。

---

1 满月前的月相。
2 满月后的月相。

月亮罐
韩国，约 1680—1720 年
白釉瓷，50.3 厘米

鸟笼瓶

日本
约 1700 年
釉下蓝彩瓷，53 厘米 × 38 厘米

约 1600—1740 年，日本面向欧洲的出口贸易非常繁荣，这只"鸟笼"瓶正是此期间一件不同凡响的外销器物。公元 1700 年前后，它烧制于有田町。花瓶以釉下蓝彩装饰，外壁绘牡丹纹，口沿内壁绘两条大龙。

不寻常的是，瓶身的有些部分未施釉，因此制作者可以添加一些精巧的定制装饰：象首造型的瓷质双耳、金彩混凝纸开光和一个金属丝鸟笼。鸟笼之中，是两只瓷质雄鸡，双腿以金属制成，站立在彩绘木头制成的岩石上。从岩石中探出的怒放梅枝，如今已大部分缺失。笼内背景未施釉，饰金彩，绘以树木和花卉。

这件装饰华丽、充满中国风幻想的器物，一定是荷兰东印度公司商人在日本下的特别订单。我们没有确凿的证据来支撑这一假设，但这只花瓶很可能与一位特别的 18 世纪瓷器爱好者有关，那就是波兰国王和萨克森选帝侯奥古斯特二世（1670—1733）。我们已知的存世鸟笼瓶，大概有 20 只，其中有 9 只藏于德累斯顿的茨温格宫，均属于奥古斯特二世在 1700 年代早期收集的一组藏品。这位国王是一位热忱的亚洲陶瓷收藏家。他非常热爱中国和日本的瓷器，以至于他鼓励炼金术士约翰·弗里德里希·伯特格尔（Johann Friedrich Böttger），去探究制作白瓷的配方——在当时，只有中国和日本掌握了这一秘方。1709 年，在伯特格尔完善了他的制瓷配方以后，奥古斯特建立了迈森瓷器制造厂，这是欧洲的第一家瓷器厂。

奥古斯特收集了 2 万余件中国和日本瓷器，并用这些器物装饰他在德累斯顿的"瓷器宫殿"。我们知道，这些藏品中包括若干只鸟笼瓶，因为在其 1721—1727 年的藏品库存清单中，便列入了 20 只鸟笼瓶。不过多年以来，奥古斯特的瓷器收藏逐渐分散。许多"重复"的器物被售卖或交换，而且在第二次世界大战中，他的藏品被暂时转移到德累斯顿以外的仓库，在此期间有更多器物遗失。1779 年，藏品库存清单中已只剩 14 只鸟笼瓶，到最后，仅剩 9 只在库。根据德累斯顿尚存的记录，

其中 2 只花瓶于 1920 年被拍卖，另有 4 只于 1999 年回归萨克森王室。

1992 年 5 月 7 日，这只花瓶在阿姆斯特丹的苏富比拍卖行售出，后来，阿什莫林从一个伦敦古董商处购得此瓶。它的前主人在一封信件中提到，这只花瓶曾是一对，在"二战"之前，莱比锡的维尔纳画廊从萨克森王室的一位后人手中，直接购入了这对花瓶。其中一只花瓶在"二战"中遭到毁坏。约 1962 年，幸存的这只在德累斯顿经过修复，然后出售给了莱比锡的一位收藏家，此后经家族递藏至前主人手中，直到 1992 年，前主人在苏富比拍卖行售出此瓶。它是否曾经是藏于德累斯顿的鸟笼瓶之一？奥古斯特二世的藏品，很多都注明了曾经的库存编号，以黑色墨水书写，或是刻入釉面，且在编号下方会有一条下划曲线。在阿什莫林这只鸟笼瓶的底部，有一个非常淡的墨水标记，如果在观察的时候发挥一点想象力，可以隐约看到残余的"N.18"，以及下方一条曲线的痕迹。这与 1720 年代的库存清单中的正确编号，应该是相对应的。

瓷瓶，混凝纸，釉下蓝彩和釉上金漆装饰；
瓷塑雉鸡，上饰彩料，腿部为金属丝；
瓷塑花卉，以织物上漆，茎干为金属丝；
瓷塑立于漆饰木块上，置于包金金属丝制成的鸟笼中

64

鹗坐像

德国
1731—1732 年
模制白釉瓷，54.5 厘米

　　这件白瓷塑像，高半米，是 1731 年前后萨克森的迈森瓷器制造厂制造的。它属于一组飞禽走兽塑像，包括数百件动物和鸟类瓷塑，兼有本国和异域品种，多数塑像的尺寸与实物大小相仿。

　　这些瓷塑受奥古斯特二世的委托而作，它们与奥古斯特著名的亚洲瓷器藏品，一同陈列于德累斯顿的"日本宫"。

　　大多数的动物塑像留在了德累斯顿，不过，包括这件在内的一些瓷塑，在不同的时间点被售出。这些瓷塑由雕塑家约翰·戈特利布·基希纳（Johann Gottlieb Kirchner，1706—1768）和约翰·约阿希姆·肯德勒（Johann Joachim Kändler，1706—1775）塑造，技艺精湛，是陶瓷史上最雄心勃勃且炉火纯青的一个瓷塑系列。肯德勒是这只鹗的制作者，他在塑造这件作品时，参照了奥古斯特二世的私人动物园中的真实标本。

　　中国和日本的"硬质"瓷器，被誉为"白色的金子"，在整个欧洲都享有盛誉。奥古斯特二世对亚洲瓷器的极度热情可谓是个传奇。当时的说法是"瓷器病"（maladie de porcelaine）：他豪掷重金，收藏了数千件器物。有一次，他曾用麾下的600 骑兵，与普鲁士的腓特烈·威廉一世交易，换取后者珍藏的 151 件中国瓷器。

　　奥古斯特建立迈森瓷厂 20 年后，这只巧夺天工的鹗在那里制作完成。我们可以看到在瓷塑的岩石底座周围，有若干条窑裂纹，由此便可以窥见烧制一件如此硕大而复杂的瓷器的难度。这件器物未施彩，因为上彩需要进行二次烧制，而这会造成产生更多裂纹的风险。在这组动物瓷塑中，有很多都是直接用天然彩料在表面进行绘制，不过如今颜料均已剥落，或是被洗去。

　　在捐赠人家族中，这只冷峻威严的猛禽一直被称为"小鸟"（Birdie）。在阿什莫林博物馆，它依然以这个亲昵的爱称为人熟知。

65

牛津盘

中国
约 1745 年
墨彩粉彩描金瓷，23 厘米

这只牛津盘，叙述了 18 世纪时，东方与西方之间进行文化交流的精彩故事。它是一例中国外销瓷，正面绘有一幅令人意想不到的画面：丹比拱门（Danby Arch），牛津大学植物园的正门入口。入口处是一扇多立克柱式（Doric）拱门，游客们由此进入这块科研场地，它最初被称为药用植物园。

盘子中心为黑白两色，带有一圈金色边框和一圈红边勾勒的描金箭头纹。口沿一周的花卉以粉彩绘制，盘子的边缘描金。画面前景中，有一位留着浓密胡须的男子，头戴平顶帽，身着短袍，右手握着一束花。他的左手边是一根古希腊医神阿斯克勒庇俄斯的蛇杖。该男子是老雅各布·博瓦尔特（Jacob Bobart the Elder, 1596—1680），一位有名的植物学家，也是药用植物园的首位管理人。他的身旁伴有一只狗和一头羊，对阿斯克勒庇俄斯来说，它们都是崇高神圣的。还有一只意味不明的鸟，很明显是一只鹳，正从拱门上方飞过。

汉弗莱·西布索普（Humphrey Sibthorp）是谢拉德植物学教授兼植物园管理人，有人提出在 1753 年时，是西布索普委托定制了这只盘子。盘上的画片源自一幅出版于 1713 年的版画。基本可以确定，这幅版画是由一位来自荷兰的难民迈克尔·伯格斯（Michael Burghers）绘制并雕刻的。制作这只盘子所涉及的过程很复杂。需要将版画从英国运到中国，并将版画精心地誊画到瓷盘上，然后入窑烧制。最终成品还要被一路运回英国。这只盘子是东西方之间进行商业、文化交流互鉴的成果，虽然发生在 250 多年前，却与当今世界经济相互依存的情况相差无几。

已知的这类盘子还有若干只。或许它们是在教授的餐桌上用来为甜点增色的，也有可能是为植物园的访客设计的纪念品。无论是哪种情况，它作为一件英国最古老植物园（建于 1621 年）的纪念品，得以被保存在英国最古老的公共博物馆（建于 1683 年）中，都令人感到欣慰。

66

野猪头形带盖汤盆

英国
1755—1760 年
釉上彩熔块瓷，27 厘米 × 53.3 厘米 × 39 厘米

　　这只带盖汤盆精彩绝伦，又令人畏惧。它属于一组华美的切尔西瓷器收藏，是其中最引人注目的一件器物。这组收藏是在 1764 年前后购入的，用于装潢位于约克郡的一座崭新豪宅。

　　盖盆的造型是一颗野猪头，底座上模塑了一把猎刀、一根橡树枝和一个箭筒。这些物品放置在一个类似绗缝狩猎马甲的东西上面。我们认为，在现存的功能性英国瓷餐具中，这只盖盆可能是最富表现力的一个实例。

　　切尔西是最早建立的英国瓷厂之一。1745 年前后，尼古拉斯·斯普里蒙特（Nicholas Sprimont）建了这间瓷厂，他是一位信奉胡格诺派的银匠，原本来自列日。在堡区和伍斯特也有一些工厂，烧制的瓷器主要针对新兴的中产阶级。相反，切尔西瓷器则价格高昂，面向的是王室成员和贵族精英。1745 年 3 月，《广告人日报》（*Daily Advertiser*）曾声称："我们听闻，在切尔西生产的瓷器已臻至完美，即使尚未超越最精美的日本古董瓷器，也至少是可以与其媲美的程度。"

　　汤盆展示了切尔西瓷器的巅峰水平。这件器物有可能是约瑟夫·威廉斯（Joseph Willems，1715—1766）打造的，他生于布鲁塞尔，大概从 1748 年开始在切尔西工作。1755 年，切尔西瓷厂的销售目录上列出了这只汤盆："一只漂亮的带盖汤盆，呈现为一颗野猪头的造型，摆放在一件稀奇之至、装饰考究的托盘上。"在 1756 年的目录中，提到了另外 3 件类似的器物。1819 年，在夏洛特王后的私人物品拍卖中，也包括了一只这样的汤盆。

　　与所有这一时期的英国瓷器一样，这只汤盆是由人工瓷，也就是"软质瓷"制成的。切尔西瓷器格外透亮和脆弱，这是因为黏土中加入了碎玻璃，或称熔块，以此来模仿真正的硬质瓷的清透感。这导致黏土非常难以掌控或进行烧制。如果我们将挑战难度也考虑进去，那么这只汤盆简直是更加了不起的一件作品了。

67

中国人像陶砖

墨西哥
1775—1825 年
锡釉彩陶，13 厘米 × 13 厘米

　　这些陶砖的制作过程受到了多重因素的影响：来自西班牙的陶工，来自中国的商人，在意大利的工匠和在欧洲的客户。最早到达墨西哥的一批锡釉陶，是 16 世纪初，由来自西班牙的早期殖民者带来的，尤其是那些从塞维利亚港出发的殖民者。

　　来自西班牙的陶工紧随其后，1550 年前后，便在墨西哥城建立了陶瓷厂。不久，他们便创造出一种墨西哥独有的传统，那就是锡釉陶器皿和装饰性陶砖。到大约 1600 年，制陶产业集中到了墨西哥城东南的天使之城普埃布拉（Puebla de los Ángeles），在那里，可用的黏土资源唾手可得。到 1698 年，方济各会作家，奥古斯丁·德·贝当古（Augustín de Vetancurt），带着满腔的爱国热忱声称："[普埃布拉的] 釉陶比塔拉韦拉的釉陶更为精致，可以与中国陶瓷媲美。"

　　西班牙的工艺传统，是普埃布拉制陶产业的核心。那些在塔拉韦拉德拉雷纳（Talavera de la Reina，西班牙的一个市镇）生产的陶瓷影响尤为突出，在墨西哥，"塔拉韦拉"一词仍被用于指代当地生产的锡釉陶器。不过，16 世纪时，墨西哥人已经知道中国瓷器的卓越品质，在以"马尼拉大帆船"作为货船的庞大贸易网络中，墨西哥是其中一环，因此这些中国瓷器在运输途中会经过墨西哥。这些来自中国的贸易商品，穿越太平洋，来到墨西哥西海岸的阿卡普尔科，再经陆路运输，然后穿越大西洋，到达欧洲。中国青花瓷对普埃布拉陶器有着深远影响，后者很多都是蓝彩白陶，而且有些模仿了中国的纹饰设计。很多 17 世纪的普埃布拉陶器，可以通过其使用的浓重蓝黑色彩料来辨识，这种彩料在釉的表面会微微隆起。有确切纪年的器物非常少见，所以我们只能给这组器物标注一个较为宽泛的年代范围。

　　这种淡色釉，与意大利马约利卡陶中微微发蓝的贝雷蒂诺釉（berettino）相近；塞维利亚的陶工也会使用这种釉料。这种中国风格，说明这类器物模仿了远东地区的造型和式样，这种模仿或多或少有所差距，并且通常是轻松诙谐的。

68

带盖茶壶

英国
约 1772 年
彩绘描金软质瓷，14.4 厘米

伍斯特瓷厂建于 1751 年，是最早的英国瓷器企业之一，而且比许多对手更经久不衰。一开始，工厂便专注制作功能性器物，其设计通常是为吸引新兴的中产阶级。

最初，瓷厂主要模仿亚洲瓷器的青花、五彩和粉彩来装饰瓷器。但很快，它便研发出自己的配色和式样。1750 年代中期，瓷厂开始从迈森瓷器中汲取灵感，用欧洲人物进行装饰，这些人物置身于山水风光、海港风情和绚烂花卉的场景之中。

伍斯特的人工瓷，也就是"软质瓷"，其配方中含有皂石，是一种天然形成的瓷土和硅酸镁的混合物，来自康沃尔。这是可塑性黏土的基础原料，可以制成轻薄、洁白、清透的胎体，而且可以模印出清晰分明的纹饰。最重要的是，这种物质可以耐受高温液体而不会开裂，这与切尔西等其他瓷厂生产的软质瓷有所不同。这个特点使其非常适合用来泡茶。1763 年，《社科年鉴》（*Annual Register*）刊登了一篇英国瓷器的概览："除了伍斯特瓷，它们都会随着使用而变为棕色，而且沸水会使它们开裂，尤其是釉面部分：伍斯特瓷拥有上乘的胎体，几乎不逊色于中国东部生产的瓷胎，伍斯特瓷与其同样坚硬，而且釉面从来不会开裂或是剥落。"与其他瓷器制造商相比，这些优点为伍斯特带来了商业优势。如果有人泄露制瓷配方（投资者的资产），罚金为 4000 英镑，尽管这一处罚从未被行使过。

茶壶两面各绘有一对恋人，它们身处田园景致中，风景模仿了古希腊罗马风格。壶上有署名"Duvivie[r]"，并标注了年份（1772）。这个署名使这只茶壶成为一件关键作品，记录了陶绘师菲代勒·杜维维耶（Fidelle Duvivier）的职业生涯。杜维维耶 1740 年生于图尔奈，位于如今的比利时境内，他无疑曾在那里接受了瓷器工艺的训练。1763 年或 1764 年，他来到英国，并先后在德比瓷厂和另外几间英国瓷厂工作。这只茶壶烧制于伍斯特，但杜维维耶的绘制工作，可能是在陶绘师詹姆斯·贾尔斯（James Giles）位于伦敦的那间颇具影响力的作坊中完成的。

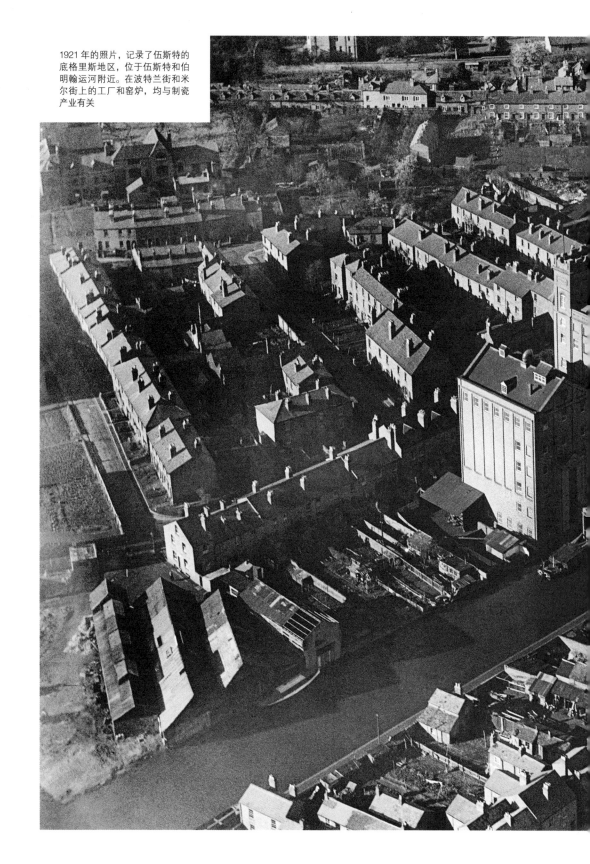

1921 年的照片，记录了伍斯特的底格里斯地区，位于伍斯特和伯明翰运河附近。在波特兰街和米尔街上的工厂和窑炉，均与制瓷产业有关

69

鸟纹花瓶

日本，约 1910 年
薮明山（1853—1934）
釉上彩陶，25 厘米 × 9 厘米

这只花瓶上的纹饰令人惊叹，是陶瓷企业主薮明山作品的典型风格。薮明山所处的年代，正是日本陶瓷产业经历着飞速发展的时期。

19 世纪末期，强势的西方众国迫使日本开放国际贸易，为了站稳脚跟，成为世界舞台上的主要角色，日本加快步伐，力求在社会的各个方面实现现代化。薮明山在东京学习陶绘艺术之后，于 1880 年在大阪成立了一间作坊。作坊生产精致的"萨摩烧"风格釉上彩陶器，特点是大量使用金彩、花卉纹和装饰性边饰。这些产品主要瞄准的是海外市场。它们在日本和海外都为薮明山赢取了声望。

薮明山是一位陶绘师，而非一名陶工，他从九州萨摩藩的鹿儿岛，购入未经装饰的空白陶瓷。他早期设计的特色，是细致地描绘大片花卉、蝴蝶或人物——武士、农民、城镇居民或是儿童，这些人物会参与节庆巡游，或是从事日常活动。创作这类作品的绘师，利用从铜版雕刻纹样上转印的图像，实现了画面的一致性和精确度，即使是最微小的纹饰也能还原。这种方式为他们提供了精准的线稿轮廓，然后便可以上色并刻画复杂的细节。

1900 年代初期，也许是为了顺应新艺术运动（Art Nouveau）的潮流，薮明山推出了一种新颖的、更为开放的风格。他利用单一的主题，在整个器物表面构建出夸张的构图，使图案与器形相得益彰。这只花瓶便是这种新尝试的一个精美范例，花瓶的设计颇具绘画性，描绘了一只鸟仰望一只蜘蛛。尽管整体的设计较为含蓄，但图案的细节刻画本身便令人叹为观止。鸟儿的羽毛、樱树的树皮、树叶的表面和蜘蛛的身体，均以高度写实的风格进行描绘。这种画风，是对传统的日本四条派绘画的一种新颖诠释。

《瓶中梅枝与乌帽上的蟹》
林亭雄辰（1780年代—1820年代）绘
约 1815 年
彩色木刻版画
16.5 厘米×20.4 厘米

曙　　榮衣政

孔雀園千彦

彌生菴雛丸

俳諧歌場真額

70

萨摩烧风格高浮雕莲池鸭纹瓶

日本，1870 年代
宫川香山（1842—1916）
贴塑釉上彩陶，36 厘米 × 26 厘米

　　宫川香山，艺名为真葛，在明治时代（1868—1912）活跃于日本的陶工中，是最受尊敬的一位。他为日本和西方制作了品类繁多的陶瓷制品，将新颖的西式设计工艺与传统的东方设计工艺相结合。

　　1842 年，宫川香山出生于日本京都一个传统的茶器制作家庭，1870 年，宫川香山搬到横滨港。在那里，他成立了一间作坊，为西方市场烧制精致华美的萨摩烧风格陶瓷。1850 年代中期，西方列强迫使日本开放了国际贸易，这一市场应运而生。萨摩烧的特点包括绚丽的金彩、装饰性边饰、花卉纹样和片片金点堆砌。在 1870 年代中期的某个时间点，宫川香山开始将最典型的萨摩烧风格装饰，与复杂精细的高浮雕贴塑相结合，如鸟类、昆虫、植物和动物。这些精美的贴塑作品，完美契合了维多利亚全盛时期的审美，它们正是那种符合西方人期待的、来自日本的奇特珍罕物件，在作家和旅行家的描述下，这个国家仿佛充满异域风情的仙境。

　　宫川香山决定偏离常规的萨摩烧风格外销瓷，转向复杂精巧、带有浮雕贴塑的器物，这可能是为了让自己的作品更加富有"艺术性"。19 世纪晚期以前，与西方不同，日本尚未存在"艺术"、"纯艺术"和"装饰艺术"这些概念。日本匠人积极地参与各种世界级展会，参展时，为了翻译这些器物的名称，需要创造一些新的术语。这些新术语的使用并不统一，而且随着时间的推移，人们对日本艺术的态度有所变化，受此影响，这些术语的用法也随之发生了变化。但是，从一开始便明确的一点是，在西方，人们认为纯艺术比装饰艺术优越。尤其是绘画和雕塑，占据了很高的地位。

　　宫川香山转攻浮雕贴塑作品的决定，并不完全是出于他的艺术追求。作为一间大规模作坊的管理者，宫川香山需要选择更为实际的一种陶瓷生产方式。从他的个人经历来看，他开始在萨摩烧风格陶瓷上进行雕刻和贴塑，是一种节省开支的

方法——他原本需要一层一层地厚涂金彩，而浮雕工艺取代了这种方式。不过，无论出于何种动机，如图所示的这类作品都在海外引起了轰动。比如，在1878年的巴黎世界博览会上，宫川香山的花瓶陈列得到了一枚金牌。这些花瓶上，装饰着贴塑的螃蟹、船锚、瀑布和吃草的鹿——他超凡的想象力及其揉捏、塑造、抛掷、旋转、扭曲、操控、按压甚至是折磨陶土的高超技艺，得到了评论家的交口称赞。

不过，在1880年代中期，宫川香山似乎停止了制造这一类型的作品。在这一时间点，对于那些富有异域风情的日本物件，西方客户的审美变得更为挑剔，因此，海外对模塑作品的需求有所下降。正如宫川香山的继承人半山（半之助）后来写道的："直到1880年代初期，我们生产的陶瓷都饰以花鸟和人物纹样，风格与外国人钟爱的萨摩烧非常相似，但是外国人的品味逐渐变得更加讲究，他们开始对传统的……雅致的日式审美产生兴趣。"

71

"秘鲁人脸"提梁壶

英国，约 1880 年
克里斯托弗·德雷瑟（1834—1904）
釉陶，18 厘米 × 21 厘米 × 14 厘米

克里斯托弗·德雷瑟（Christopher Dresser）博士是公认的现代设计之父。他在 13 岁时，开始在位于伦敦的政府设计学院求学，学院建于 1837 年，是如今的皇家艺术学院。

19 世纪初，英国在工业体系和大规模生产方面，都居于世界领先地位，但是墨尔本子爵[1]的政府，担心英国的设计水平会落后于其他国家。于是他们成立了设计学院，来培养新一代的工业设计师。德雷瑟曾被教导，要从世界各地、从古至今的各种文化中汲取元素，来创造出新的设计。他受到鼓励，从自然界中找寻灵感；每个星期，新鲜的花卉都会从邱园运送到这些学校，供学生剖析和临摹。实际上，德雷瑟成了一位内行的植物学家，甚至从德国的耶拿大学取得了这一学科的博士学位。他对这一头衔感到十分自豪，在后来的职业生涯中一直使用这一头衔。

德雷瑟希望自己的设计能大规模生产，从而把"艺术性的"设计带给更广的受众。他欣然接纳了现代工业生产方式。他独特的作品令人耳目一新，其灵感源自一个庞大的素材库，其中包括中国、日本、前哥伦布时期的南美洲和古代安纳托利亚。

该容器带有拱形把手，造型源自前哥伦布时期的南美洲设计，彼时的美洲原住民文化尚未受到欧洲人的强烈影响。这件器物的釉色具有试验性，更多地借鉴了德雷瑟在日本看到的陶瓷。而器壁雕刻的怪诞面庞，可能受到中国古代器物的启发。

德雷瑟与同一时期的威廉·莫里斯（William Morris）不同，莫里斯拒绝机械化，而德雷瑟则接纳了现代工业的生产方式，而且他希望自己新锐的设计，能推及尽可能广泛的受众。他是一位高产的设计师，采用过各式各样的材料和工艺，并为很多知名的生产商工作过。

---

1   即威廉·兰姆（William Lamb，1779—1848），维多利亚时期的英国首相。

72

红虹彩陶砖

英国，1882—1888 年
威廉·德·摩根（1839—1917）
红虹彩陶，约 15 厘米 × 15 厘米

　　威廉·德·摩根（William De Morgan）是工艺美术运动中最值得一提的陶艺家之一。他接受过纯艺术的训练，但是 1863 年，当他遇见了威廉·莫里斯，一位富有影响力的诗人兼织物设计师之后，他的艺术方向发生了改变。

　　1872 年，德·摩根成立了自己的陶瓷作坊。他的设计通常基于中世纪或伊斯兰的纹样，也会尝试一些创新的釉料和烧制工艺。大约在 1873—1874 年，他取得了一个突破，重新发现了虹彩陶和意大利马约利卡陶的工艺——虹彩陶是表面带有金属光泽的陶器，例如那些烧制于穆斯林统治下的西班牙的器物。

　　在这些赏心悦目的陶砖上，饰有德·摩根的招牌"红宝石"色虹彩，在当时备受推崇。这组陶砖烧制于 1882 年至 1888 年之间，当时的德·摩根正在萨里的默顿修道院（Merton Abbey）工作。这些生物完美展现了威廉·德·摩根天马行空的设计构思。纹饰中有一只渡渡鸟、一只孔雀和一只鹈鹕，还有一只翠鸟和一只水獭各自挥甩着一条硕大的鱼。德·摩根并没有亲自绘制陶器，他会在不同的媒介上作画，然后由工厂中的艺匠将绘画临描到器物或陶砖上。虹彩陶砖使用了镂空模板印刷工艺。在人气最盛的时期，德·摩根的作坊雇用了不少于 10 名陶绘师。到 20 世纪初期，他生产的器物开始人气衰退，1904 年，他结束了生意。

　　1887 年 3 月 4 日，数学家查尔斯·勒特威奇·道奇森（Charles Lutwidge Dodgson，1832—1898）向德·摩根订购了一组类似的红虹彩陶砖，用来装饰他在牛津大学基督堂学院的房间。道奇森更为人所熟知的名字是刘易斯·卡罗尔（Lewis Carroll），也就是《爱丽丝梦游仙境》的作者。道奇森的一位宾客曾这样叙述道："他以前会让这些生物之间展开漫长而又十分风趣的对话……道奇森先生对其中几个图像，有着寓言性的解读，他认为它们都代表了他本人习惯接待客人的各种方式，比如那只用尖喙刺穿鱼身的鸟，还有那条冲着左肩发出嘶嘶示威声的龙。"

73

丰肩小瓶

日本，约 1885 年
真葛窑（1871—1959）
"豇豆红"釉瓷，6.4 厘米

这只小巧的瓷瓶施有"豇豆红"釉——一种美丽的粉红色釉，由氧化铜配制而成，最早是在中国研发出来的。多年以来，这只小瓶被安置于阿什莫林的中国藏品库中，与其他相似的器物混在一起。

1990 年代，一位牛津大学的研究生克莱尔·波拉德（Clare Pollard），当时在撰写学位论文，研究的是日本陶艺家宫川香山，他是一位帝室技艺员，也是明治时代最具影响力的陶工之一。指导波拉德进行研究的，是策展人奥利弗·英庞博士（Dr. Oliver Impey），他当年是阿什莫林博物馆日本艺术藏品的负责人。有一天，他们讨论了宫川香山制作中国风陶瓷的高超技艺——他的作品看上去过于正宗，以至于曾经被指控伪造作假。英庞开玩笑说，在世界各地的中国瓷器收藏中，也许就隐藏着宫川香山制作的器物。

波拉德决定核查一下阿什莫林的中国藏品库，最终，她被这只高度仅有 6.4 厘米的瓷瓶吸引了目光。经过仔细察看，她确定，这只小瓶实际上是 1890 年代中期，宫川香山在日本横滨制作的。这只小瓶现在被陈列在阿什莫林的鹿内日本艺术展厅。波拉德是一位志向远大的日本艺术学者，作为一名研究员、专家，她对自己的能力有信心，并最终使她走上如今的位置，成为阿什莫林的策展人。

1956 年，赫伯特·英格拉姆爵士及夫人（Sir Herbert and Lady Ingram）将这只小瓶赠予阿什莫林。1908 年，他们在日本度蜜月时购得此瓶。这对伉俪在日本停留了近三个月，一边观光游览一边寻觅古董。我们从赫伯特爵士的日记中得知，英格拉姆伉俪在东京以 1 日元的价格购得此瓶，但是这只小瓶在当年并非是作为一件宫川香山的作品被购入的。它被当成一件乾隆时期（1735—1796）的中国器物出售，尽管在器底清晰地刻印了真葛窑的款识。

江户四阶层屏风，其中一联为陶工
绢本，以纸托裱、衬垫并饰以染绘的丝制
（押绘）或棉制贴花；
硬木边框，表面施清漆；

赤铜（金铜合金）镶嵌，绢本水墨设色
日本，约1883年
182.4厘米×276厘米×3.2厘米

74

萨摩烧菊花回纹杯

日本，约 1900 年
陶弘山窑
描金釉上彩陶，7.3 厘米 × 6.9 厘米

　　这只小杯制作于陶弘山窑，位于萨摩藩鹿儿岛的熊本区。1856 年，它作为赫伯特·英格拉姆爵士及夫人的大型捐赠的一部分，进入了阿什莫林博物馆，这批捐赠包括了 3000 余件中国和日本的器物。

　　赫伯特·英格拉姆（1875—1958）是《伦敦新闻画报》（*Illustrated London News*）创始人的孙子，威廉·英格拉姆（William Ingram，1924 年，赫伯特·英格拉姆在父亲逝世后继承了准男爵爵位）的儿子。英格拉姆伉俪的日本器物大多数是在 1908 年购入的。当年，赫伯特·英格拉姆和他的新婚妻子希尔达在蜜月期间，花了两个半月的时间周游日本，享受繁忙的日程，既要游览名胜，又要寻觅古董。

　　英格拉姆伉俪的特定兴趣之一便是萨摩烧陶器。萨摩烧最早在 18 世纪晚期烧制于鹿儿岛，因其蛋壳色的胎体和开片精美的透明釉而闻名，并饰以釉上彩绘和描金。在 1867 年的巴黎世界博览会上，萨摩烧引起了国际性关注，此后在海外客户中广受欢迎，以至于京都和日本的其他地区，都开始仿制萨摩烧。西方收藏家对萨摩烧满怀热情，他们逐渐认识到，早期的萨摩烧实际上是在萨摩藩本地烧制的，与现代仿制品有着巨大的区别。到 1870 年代初期，人们认知中的"早期"萨摩烧器物的需求上涨，价格也随之攀升。

　　日本制造商非常乐意供给这一需求。萨摩烧风格的器物，通常会被刻意染上污迹或做旧，营造古董的效果，缺乏经验的外国买家，便会将其误判为"老萨摩烧"，以致花费重金购买。到了 1870 年代末期，西方藏家对日本陶瓷的辨别能力提升，通常能够区分劣质的外销瓷和品质较高的器物。但是那些不诚信的商人，仍然会热忱地向潜在买家鼓吹自己的货品是多么稀有。

　　英格拉姆爵士不喜欢纹饰描金繁多冗余的萨摩烧风格陶瓷，这类器物占据了外销市场。他更喜欢烧制于萨摩藩本地的一些器物，它们的纹饰更为内敛含蓄，比如

这只清雅的陶弘山杯，器壁绘一簇菊花和一周简单的回纹边饰。陪伴英格拉姆伉俪游历日本的古董商中，有一位名叫松泽。松泽先生曾将英格拉姆爵士介绍给一位退役的相扑手，名叫逆鉾，居住在东京，在这对伉俪日本之行的倒数第二天，英格拉姆爵士买下了逆鉾的萨摩烧器物收藏。1908 年 5 月 23 日，他日记的开头是："美妙的萨摩烧之日！"结尾是："在略显漫长的商讨之后，我得到了我中意的这些器物，但是我直到将近十一点才就寝。"英格拉姆爵士记录道，这些器物都"极为罕见……几乎全部都是为了皇室宫廷而烧造"。实际上，逆鉾的大部分萨摩烧器物，年份至多也没有超过 30 年，而且它们并没有贵族传承史。不过，这些并不是典型的外销瓷，与那些为了鉴赏力欠佳的游客市场烧造的品质低劣、纹饰纷繁的陶瓷截然不同。

"萨摩烧引起了国际性关注"

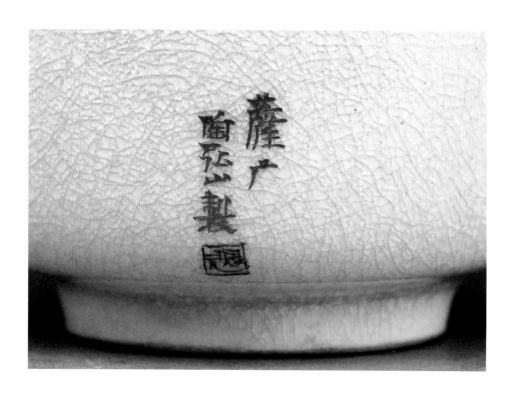

《墨田河的桥场渡船和瓦窑》
源自《名所江户百景》系列
编号 37，歌川广重绘
日本，1857 年
木刻版画

75

新艺术风格菊纹瓶

日本，1900—1905 年
七代锦光山宗兵卫（1868—1927）
镂空模塑釉陶，37 厘米 × 21 厘米

这只引人注目的花瓶，装饰着精致的镂空菊花纹饰，是京都粟田的锦光山窑的产品。

这一窑口世代为日本市场制造精巧玲珑的釉上彩陶。后来，到了 1870 年代，七代锦光山的父亲，六代锦光山宗兵卫（1823—1884），开始为外国市场烧造萨摩烧风格的陶瓷。1884 年，七代锦光山接过了父亲的衣钵，继续烧制装饰精美的出口陶器。这一窑口成为日本规模最大且最成功的陶瓷制造商之一，雇用了数百名工匠和设计师。

这只菊纹瓶的样式采用了一种新颖的风格，是七代锦光山去过 1900 年的巴黎世界博览会之后研发出来的。新艺术风格在那届博览会中占据了主流地位。尽管新艺术运动实际上深受日本艺术的启发，然而参展的日本工艺品，却因为风格过时、装饰烦冗，遭到了批评。还有一个被指摘的方面是，这些日本器物的纹饰没有呼应它们的造型。回到京都后，七代锦光山决定让自己的陶瓷设计风格与时俱进。他聘请了石川县的陶艺家诹访苏山（1851—1922），来协助他重振窑口。1900—1907 年，诹访苏山是锦光山窑的艺术主管。他鼓励窑口创造更自然有机的器形，饰以风格化的花卉纹样，与器形相得益彰。锦光山窑在继续出售和展出萨摩烧风格器物的同时，也开始生产一些新颖的瓶器，就像这只花瓶，整个器身蔓生出自然主义风格的陶塑装饰，包括花卉、叶片和枝条。在巴黎之旅过后的几年中，这些作品在多个国家级和国际性的展览中展出，并于 1904 年，在圣路易斯举办的路易斯安那购地世博会中，赢得了大奖。

菊花花瓣婀娜多姿的形态、花卉和叶子表面半风格化的纹理以及瓶身错落有致的花茎，体现了新艺术风格的审美精髓。

76

冬日景观图瓶

日本，约 1910 年
宫川香山（1842—1916）
釉下蓝彩瓷，86 厘米 × 38 厘米

19 世纪中期，日本废除封建幕府，并建立新政府。在长时间的锁国之后，为了执行日本对西方的开国举措，新政府积极地鼓励艺术家到竞争激烈的国家级和国际性展会上，展示自己的作品。

这只大瓶尺寸惊人，外壁以不同色调的釉下蓝彩，描绘了一幅令人沉醉的冬日图景。这只大瓶雍容大气，是著名陶艺家宫川香山的作品，可能是为了一场类似的展会烧造的。它描绘了一幅日式风景，但是蓝釉的氤氲效果，让人联想到了同一时期，由荷兰皇家哥本哈根瓷器制造厂生产的作品。如此看来，这件器物说明在这一时期，不同国家之间存在艺术方面的交流。

1870 年代，宫川香山通过烧造用于出口的釉上彩陶，建立了自己的国际声望。1880 年代，他开始研发精致的釉下装饰瓷器。他利用最新引进的西方上釉技术，烧出了跨度甚广的不同釉色和效果。这些新型的釉下彩瓷最令人惊叹的特征之一，便是采用了"渐变"（bokashi）效果。这是一种柔和而富有层次的施釉工艺，用于营造中国或日本绘画中水墨的意境，或是作为更为写实逼真、偏西方风格的绘画装饰元素。这种效果是通过一种叫作吹绘（fuki-e）的技法实现的。它对日本长久以来使用的一门工艺进行了改良。吹绘时，工匠会用刷子将彩釉拨到一张金属丝网上，然后小心翼翼地吹气，使颜料穿过丝网，在器表形成一层薄薄的雾状釉。到了 20 世纪初，陶艺师通常会使用一种气笔来代替从前的工具。陶艺师会用一块镂空模板或隔板，遮盖住不希望上釉的部分，这样一来，他便可以创造出极其细致微妙的效果。这只花瓶美妙地展现了这种工艺，画面中光秃的树木和竹草，在云雾缭绕的群山背景下，映衬出清晰的剪影。

77

基克拉迪式容器

英国，约 1975 年
汉斯·库伯（1920—1981）
T 型白陶，18.3 厘米

作为世界上最知名的 20 世纪陶瓷艺术家之一，汉斯·库伯（Hans Coper）在短短的 30 年里，重新定义了工作室陶艺的概念。他用黏土作为媒介，通过将轮制容器接合在一起，创作出具有雕塑性的器皿，从而在上一辈的工匠中脱颖而出。每一件器物都有自己的气场，而这种气场是由有限的用色营造出来的，或是亮黑色，或是乳白色，通常还会以凹槽线或是蚀刻表面进行点缀。

库伯生于萨克森的开姆尼茨，1939 年，他逃离纳粹德国，到达伦敦，却被押送到了加拿大的一个拘留营中。露西·里（Lucie Rie）是出生于奥地利的一位现代陶艺家，她也曾逃离纳粹的占领。1946 年，她雇用了库伯，到她的阿尔比恩巷工作室做她的助手，尽管库伯在此之前，没有任何陶艺经验。不过到 1959 年，库伯就开始赫赫有名。他搬到赫特福德郡的迪格斯韦尔，开启了被他称为"建筑时期"的阶段。在这一时期，他受到考文垂座堂的委托，为教堂制作了若干支 7 英尺高的陶制烛台。

1963 年，库伯回到伦敦，他不断创作，产量达到了巅峰。1967 年，他搬到萨默塞特的弗罗姆，在那里，他创作了一系列"基克拉迪式"（Cycladic）容器，令人联想到基克拉迪群岛青铜时代的手工艺品。这些成为他的代表之作。库伯曾在坎伯韦尔艺术学院和皇家艺术学院任教，一生中曾在许多地方展出作品。

库伯的现代主义带有一种不动声色的超然感，这源于他从艺术史中汲取灵感的能力——新石器时代、古埃及、早期地中海、撒哈拉以南地区，他让这些艺术在 20 世纪中期的背景下重生。他最具特色的器形——铲形器、高足钵和蓟形钵、沙漏形瓶和"基克拉迪式"容器，都是别出心裁的杰作。它们保留了原型的特点，同时又具有一些非常私密的特质。它们的器形、触感和重量带给人感官的享受，这些作品超越了自我表达，直抵更深层的某种东西。也许正因如此，它们很契合公共空间和仪式场合。作为器物，它们跨越了时间，也跨越了传统。

汉斯·库伯在陶轮前
伦敦，1963—1967 年

汉斯·库伯工作室中的陶瓷作品
伦敦，1963—1967 年

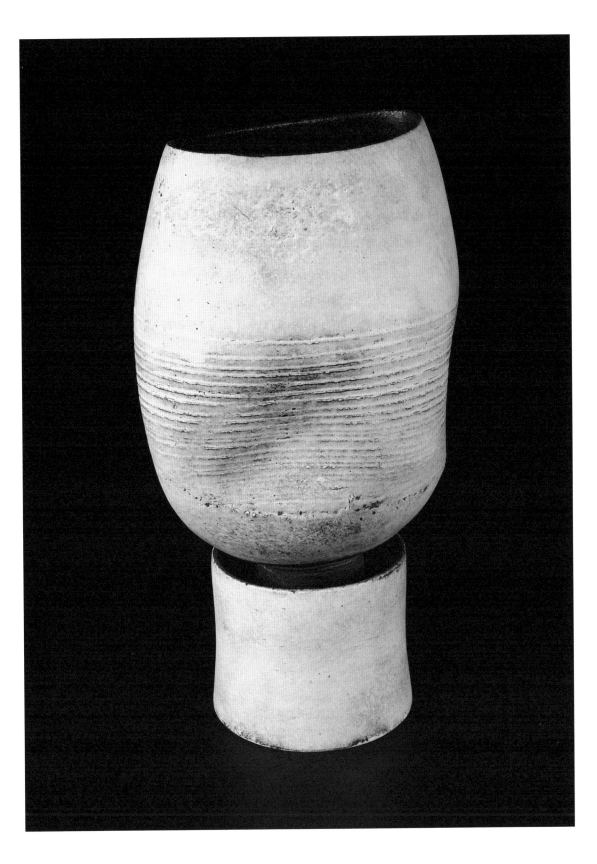

78

虹彩碗

英国，2005 年
艾伦·凯格尔－史密斯（1930—2020）
锡釉虹彩陶，45 厘米 × 17.5 厘米

  这只碗的历史传统可以追溯到 1000 多年前，涵盖了基督教和伊斯兰世界的大部分地区。锡釉陶是欧洲传统陶艺中最古老的一类，也是最适宜笔刷作画、挥洒创意的一门工艺。

  大约公元 800 年，在如今伊拉克所在的地区，锡釉陶被研制出来，这显然是对从中国引进的高温白瓷做出的一个回应。仅凭伊斯兰陶工拥有的窑炉技术和黏土资源，是不可能复刻出这些中国瓷器的。他们发明了一种乳浊质感的、可以覆盖陶瓷器身的白釉，这是一种差强人意的仿制品，但其自身也具备一定的美学潜质。

  锡釉向西方传播的过程中，有时会充分结合还原颜料虹彩[1] 这种神秘技术，锡釉工艺最终抵达西班牙南部，即伊斯兰世界最西端的驻点。14 世纪，那些来自马拉加的陶工，为格拉纳达的阿尔罕布拉宫烧造了一组大型的虹彩陶杰作。对于当时的人来说，虹彩看上去相当神奇，就像炼金术士用基础材料冶炼成金的梦想实现了一般。

  16 世纪的意大利，锡釉转变成文艺复兴时期绘画的一种形式。在古比奥，乔治·安德烈奥利（Giorgio Andreoli）创作了若干虹彩陶杰作，铜红彩完美呼应了以银打底的金色虹彩。当意大利陶工走遍欧洲，寻求机遇时，锡釉在各个国家发展出了不同传统。法国和德国陶工制造的"费昂斯"，欧洲中部的"哈班"（Haban），荷兰的"代尔夫特"，还有英格兰的"代尔夫特式陶器"。对于虹彩的应用则越发少见。18 世纪晚期，随着英国成功烧制出工业白瓷，尤其是乔塞亚·韦奇伍德（Josiah Wedgwood）生产的那些陶瓷，锡釉的艺术性应用遭到了重创。后来对于锡釉和虹彩的历史复兴，也只是偶有发生，比如，这些复兴曾发生在意大利，也曾出现在英

---

1 通过还原反应，将釉料中含有的金属元素还原出来，使纹样呈现金属光泽。

国的威廉·德·摩根的设计中。

1955 年，艾伦·凯格尔－史密斯（Alan Caiger-Smith）购买了奥尔德马斯顿的一间老锻冶厂，并开设了奥尔德马斯顿陶坊。凯格尔－史密斯希望回归锡釉工艺，来对抗 1950 年代，英国的工作室陶艺家群体中的主流审美理念，"褐色陶器"。这个表述概括了伯纳德·利奇（Bernard Leach）引发的陶瓷潮流，利奇制作的器皿风格粗拙质朴，受到日本和欧洲制陶传统的影响。凯格尔－史密斯不断尝试，试图再现伊斯兰和意大利陶工在锡釉表面作画的精湛技艺，也希望重新制造出还原颜料虹彩的晕彩效果。不过，在他手中，直接在未经烧结的釉面上作画，成为一种新颖的艺术创作媒介。

在凯格尔－史密斯的主导下，一群陶艺师在奥尔德马斯顿汇聚一堂，这一团体持续了半个世纪。他们的创作活动由道德基础引导。比如，这个团体避免出现任何分工，这样一来，每位陶艺师对自己创造的作品都有掌控感。同时，他们也可以发展一系列技能，在外部世界，个人追求艺术表达的道路上，这些技能是不可或缺的。

"这只碗的历史传统可以追溯到 1000 多年前"

艾伦·凯格尔－史密斯（左）和杰弗里·伊斯托普在奥尔德马斯顿陶坊中工作
约 1961 年

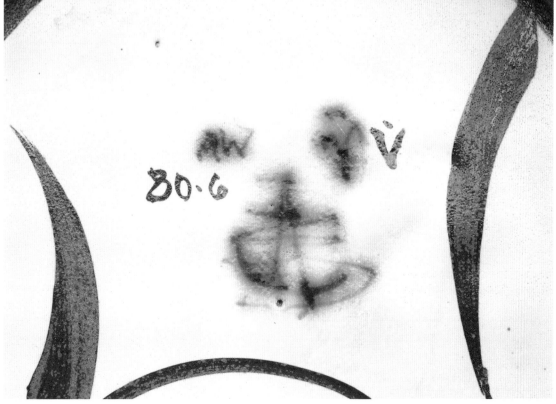

79

不对称"贝图"系列 I

英国，2009 年
玛格达莱妮·奥敦多（1950— ）
粗陶，47.5 厘米

许多人认为，在如今活跃的所有陶艺家中，玛格达莱妮·奥敦多（Magdalene Odundo）是最擅长运用纯粹的雕塑性形态的一位。1950 年，奥敦多出生于内罗毕，1971 年，她搬到剑桥，参加剑桥艺术学院的艺术基础课程。最初，她想要学习平面设计，但是受到生于津巴布韦的陶艺老师，佐薇·埃利森（Zoë Ellison）的启发，奥敦多将自己的学习重点转向陶瓷。

奥敦多曾经在西萨里艺术设计学院和皇家艺术学院接受训练。她到各地旅行，探索各地的民间陶瓷传统，其中就包括肯尼亚、尼日利亚和美国的新墨西哥州。这只陶瓶体现了奥敦多作品的形态之美，并在她 2009 年于利物浦举办的一场个人展览中，成为重点展品。它的名字取自居住在刚果东部的芒贝图人（Mangbetu）。

奥敦多作品的灵感源自人体。它还受到一系列事物的影响：肯尼亚和尼日利亚的传统仪式用品，刚果的雕刻，英国的工作室陶艺，塞浦路斯、日本和秘鲁的古代陶瓷，现代雕塑，甚至是伊丽莎白时代的服饰。她通常会以传统的非洲工艺和器形作为自己的起始点。与她的很多作品一样，这只陶瓶未施釉。坯体表面经过了精心的打磨和抛光，然后在还原性气氛下进行烧制，从而形成黑色的表面，令人联想到古老的陶瓷器。

奥敦多曾在世界各地展出自己的作品。2018 年 6 月，她被创意艺术大学委任为名誉校长。在 2020 年的新年授勋中，她因为在艺术和艺术教育领域做出的贡献，获得了大英帝国爵级司令勋章（DBE）。

茶碗

日本，2019 年
小川待子（1946—　）
金釉炻器，9.5 厘米 × 10.5 厘米

日本顶级陶艺家小川待子制作的这只茶碗，在 2020 年进入了阿什莫林的馆藏。小川的许多陶瓷作品形似怪异的矿物结构，或是刚从地下出土的考古文物。

这只碗由她精心制作，属于精致优雅的日本茶道用器，却不失自然原始的质感，仿佛是从未经加工的黏土中，直接舀出来的一样。器壁有泥土的裂纹和深深的缝隙，纹理粗糙的外壁与奶油般润滑的金色哑光内壁，形成了对比。

茶碗是日本茶道中的关键用器之一。它不仅仅是一件功能性器具，它代表了茶汤，也就是茶道的本质。根据茶道礼仪，奉茶是一种待客行为，表面看似简单，实际上却隐含着深刻的寓意。茶碗象征着这一时刻的正念以及人与人之间的联系。它承载了侘寂的理念——一种对普通、不完美和精简之物的欣赏。

小川对记忆和传统很感兴趣，她的作品，可以将我们与过往的那些制造陶瓷和使用陶瓷的人联系起来。一只茶碗也许只是一件最典型的日本器皿，但是，这只碗仿佛跨越了国家文化。这种共通性，也许源于小川在西非和南美的多年学习经历。茶碗闪耀夺目，可能是为了致敬 16 世纪晚期，武将丰臣秀吉委托打造的富丽奢华的黄金茶室和黄金茶具，尽管在他的那个时代，茶道大师们奉行侘寂的理念。小川的茶碗金光闪闪，却透露出一丝谦逊。在平滑柔和的美感与粗糙纯朴的质感中找到平衡，这只碗带给了我们一些与预想中不同的东西。

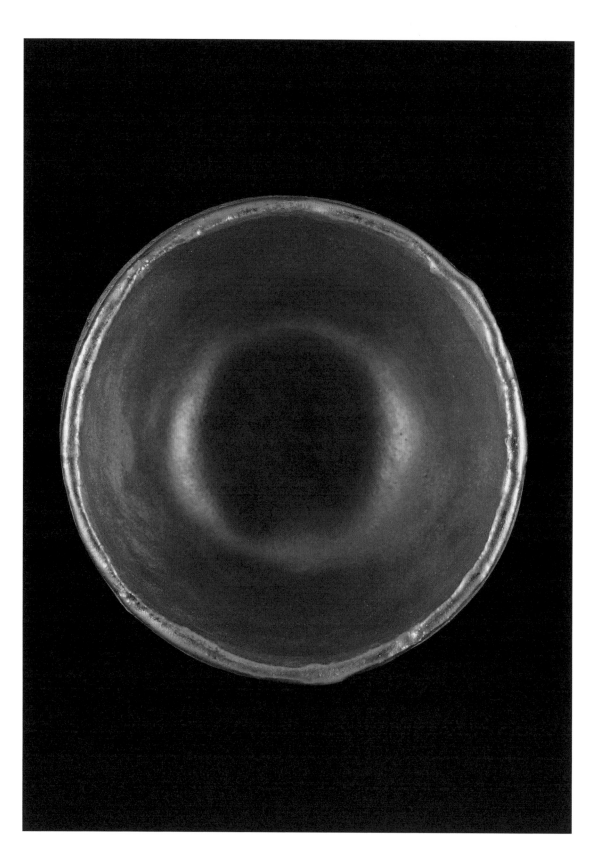

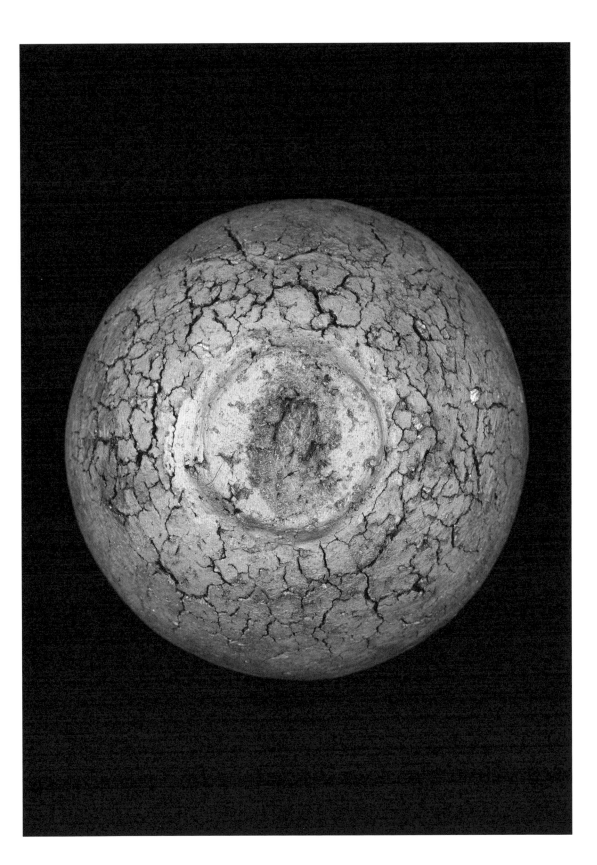

译后记

上一次去牛津大学的阿什莫林博物馆，刚好是一年前，2022 年的 11 月。那天下午，在展厅看到一只 15 世纪的猪形存钱罐，甚是惊喜，兴奋地拍下照片发送给友人，感叹原来在爪哇岛这么早就存在小猪存钱罐了。谈笑间完全想不到，几个月后，在自己翻译的这本书中，会再次与它相遇（编号 47）。

在伦敦生活 7 年多，每年都会去牛津三四次。行程总是很简单：当天往返，乘坐早上 9 点左右的火车，赶在阿什莫林开馆之前到，上午 3 个小时看主题特展，午饭后，下午 2 点回到阿什莫林，再花 3 个小时看常设馆藏直到闭馆，然后搭最近的一班火车回伦敦，回回如此。可即使自诩对展厅的布局已熟稔于心，每次到访却仍然会发现此前未曾注意过的展品。

年初拿到这本书的英文文本，一打开便觉亲切万分。书中收录的许多件器物我都颇为熟悉，甚至能凭记忆还原出它们在展厅里的方位，阅读这本书的过程，更像是一种重游故地的体验。前任雇主马钱特先生与阿什莫林有着数十年的渊源，在 20 世纪七八十年代，便受该馆策展人之托，专门为其搜寻带有纪年款的瓷器，而马钱特经手过的许多器物最终都进入了阿什莫林的馆藏。因此，当我开始翻译这本书，在感慨万千的同时也顿感压力倍增，深觉要尽力忠实准确地还原英文内容，避免误导读者。

本书文风通俗风趣，将每一件陶瓷器背后的故事娓娓道来，因此翻译的过程相对顺畅，并且兴味盎然，享受其中。不过，由于中英文语言体系的不同，仍然遇到了一些挑战。幸运的是，编辑老师十分专业尽责，耐心地与我讨论、核对每一个微小的细节。在此仅列举几例，并对我们斟酌之后做出的处理稍作说明。

首先，是英文中一词多义的情况。比如"body"一词，既可表达"坯体"（器物未经烧结时的主体），亦可表达"胎体"（器物经过烧结后的主体），翻译时根据上下文来判断具体对应的是中文的哪一概念。再比如"slip"一词，原指黏土经过稀释后的状态，即"泥浆"，但同时也可以更具体地表达中文里"化妆土"的概念。化妆土指的是施于器物表面的一层泥浆或色浆，为确保器物表面的均匀和平滑，以便后续进行绘画或雕刻装饰。在一些中文文本中，也形象地称之为"泥釉"。本书在翻译"slip"一词时，主要根据其在烧制过程中发挥的实际作用，来选择恰当的中文词语。

"阅读这本书的过程，更像是一种重游故地的体验"

与一词多义相对应的，便是多词同义的情况。其中，最频繁出现的便是英文中用来表示"陶瓷"的几个近义词：pottery, ceramic, earthenware, terracotta, porcelain。其中，porcelain 较易区分，一般专指高温烧制的瓷器；terracotta 则是红褐色的粗陶；earthenware 多指较为粗糙多孔的陶器；pottery 范围较广，可以表示一切以黏土为原料烧制而成的器物，因此 pottery 包括了陶器、炻器和瓷器。ceramic 与 pottery 相近，通常情况下可以混用，但实际应用时，pottery 更常用于指代容器类，而 ceramic 的定义则不仅包括以黏土为原料烧成的器物，还包括以其他非金属无机材料烧制而成的器物。然而，中国传统习惯上，一般是没有做出如此具体的细分的，"陶""瓷"两个大类基本便可概括书中涉及的 80 件藏品。同时，英文中还有一个概念叫作 stoneware，即炻器，指烧结温度介于陶器与瓷器之间的器物，但是中文语境中较少用到。因此，书中被归为 stoneware 的中国器物，仅在器物属性部分保留了"炻器"分类，而当这个词出现在正文中时，则遵从中文表达习惯，一般称之为"瓷"。

书中的两件钧窑器物，年代都遵循传统定为宋代。然而，根据近年来的学术研究和考古成果，部分学者提出钧窑的始烧年代应为金中后期，而其中"官钧"这一类型则制于明早中期。关于钧瓷的烧造时代，至今学界仍然存在争议。因此在翻译时，我保留了英文原文判定的宋代和书中提及的宋代"五大名窑"的说法。但是在译者注中，简单叙述了不同的学术观点，有兴趣的读者可以进一步了解相关资料。

由于语言习惯的不同，我在翻译时将原文的一些长句进行了拆分，更符合中文的阅读习惯。此外，原书中的器物尺寸、材料、年份等存在个别笔误，在与馆方进行核实后，中文版本进行了更新与修正。若译文中仍不慎出现错漏，也请诸位读者不吝赐教。

书中所选馆藏，涵盖了由古至今世界各地最具有代表性的器物，每一件藏品都别有洞天，背后的故事或令人称奇惊叹，或令人忍俊不禁，或令人不胜唏嘘。然而，作为中国陶瓷领域的从业者，也难免惋惜因篇幅限制而未能被收录的馆藏中国陶瓷杰作，尤其是北宋汝窑天青釉洗和元青花麒麟纹大盘。

基思·布里默·琼斯在序言中提道："在肉体从世间消逝很久以后，一个人的存在仍然可以依托其创造出的作品而得以延续"。正如一句拉丁文格言所说："Ars longa, vita brevis"（人生有涯，而艺无涯）。不过，恒久无涯的不仅是这些器物本身，更是人类不断探索、精进陶瓷技艺的过程。一代又一代的陶工，从先人的作品中汲取灵感，汉斯·库伯在创作时，便受到青铜时代基克拉迪艺术的启发（编号77），而他自己的作品，也成为当代陶艺师仰望的经典。

"恒久无涯的不仅是这些器物本身，更是人类不断探索、精进陶瓷技艺的过程"

不仅器物如此，书籍也是一样，它们都是比人类的个体生命更为长久的存在。书中的黑绘斯凯佛司杯（编号26），器身绘古希腊英雄奥德修斯，他脚踏两只安法拉瓶，意气风发地遨游于海上，踏上归乡的旅途。巧合的是，这个画面生动地呼应了本书的书名——《80件陶瓷器穿越世界》。阅读此书的过程，就像是站立在这些瓶瓶罐罐上，遨游于人类文明的海洋，开启一段探寻生命与艺术之起源的旅程。希望这本中译本，可以让更多的中文读者了解阿什莫林博物馆包罗万象的陶瓷馆藏，以及浓缩于器物中的人类故事。

陈依依

2023 年 11 月 7 日于北京

索　引

入藏信息

1. **交线羊纹陶罐**
   埃及，涅伽达，1644 号墓
   弗林德斯·皮特里发掘项目，
   1895 年
   AN1895.482

2. **黑顶陶瓶**
   AN1895.1220
   AN1895.795
   AN1910.692

3. **"打滑山羊"陶罐**
   AN1971.980

4. **斜沿碗**
   AN1981.986

5. **纳尔文化彩绘墓葬陶器**
   AN1945.4
   AN1945.5
   AN1945.6

6. **四轮战车模型**
   AN1925.291

7. **陶牛**
   EACh.1 & 4

8. **印度河文明陶罐**
   EAX.7288 & EAX.7424

9. **陶狮**
   埃及研究账户发掘项目，
   1897—1899 年
   AN1896–1908 E.189

10. **粗陶祈愿塑像**
    AN1896-1908.AE.990
    AN1896-1908.AE.1010
    AN1924.32

11. **抛光红陶三足雄鹿塑像**
    AN1888.624

12. **多孔克诺索斯容器**
    AN1925.677

13. **苏美尔王表**
    AN1923.444

14. **流槽双耳杯**
    AN1930.645

15. **来通杯**
    AN1896-1908 AE.780

16. **毕托斯陶罐**
    AN1896-1908.AE.1126

17. **巨石文化带钮小盖罐**
    EAX.2397
    EAX.2396
    EAX.2393

18. **章鱼纹罐**
    AN1911.608

19. **红陶瘤牛形器皿**
    AN1964.347

20. **粗陶马形来通杯**
    AN1971.858

21. **桶形陶壶**
    通过捐赠款购于拉纳卡，1885 年
    AN1885.366

22. **雅典安法拉瓶**
    AN1916.55

23. **鞋匠图瓶**
    AN1896-1908 G.247
    附图器物：
    AN1896-1908.G.267
    AN1896-1908.G.287

24. **阿提卡黑绘高足陶杯**
    AN1974.344

25. **阿提卡红绘人头形陶瓶**
    AN1920.106
    AN1946.85

26. **维奥蒂亚黑绘斯凯佛司杯**
    AN1896-1908.G.249
    附图器物
    WA1863.5528

27. **红陶女性小像**
    EA1958.3–11

28. **药叉女或地母神造像碑**
    EAX.201

29. **死海古卷罐**
    AN1951.477

30. **阿拉米文"魔法碗"**
    AN1931.176

31. **青釉莲花尊**
    EA1956.964

32. **骆驼陶俑**
    EA2012.189

33. **孔雀蓝釉储物罐**
    EA2005.85

34. **锡釉碗**
    EA1978.2137
    EA1978.2141

35. **花草鸟兽图碗**
    EA2005.42

36. **文字纹碗**
    EA1978.1758

37. **黑釉凸线纹罐**
    通过阿什莫林博物馆之友的资助
    购入
    EA1998.219

38. **钧窑天蓝釉紫红斑盘**
    EA1956.1344

39. **定窑白釉刻花莲纹盘**
    EA1989.193

40. **文字纹壶**
    EAX.3110

41. **锅岛烧瓷杯**
    杰弗里·斯托里及沃尔特·库克
    遗赠
    EA1985.51

42. **金缮钧窑玫瑰紫釉鼓钉三足水仙盆**
    EAX.1549

43. **溪边人物坐像图碗**
    EA1956.33

44. **青白瓷贴花卉纹玉壶春瓶**
    EA1956.1399

45. **柱石双后图注碗**
    WA1954.11

46. **阿尔巴雷洛储物罐**
    EA1978.1683

47. **猪形存钱罐**
    EA1997.5

48. **耶稣受难图盘**
    WA2017.1

49. **阴茎组合头像图盘**
    WA2003.136

50. **婴儿诞生图盖碗**
    WA1888.CDEF.C456

51. **美第奇瓷壶**
    WA1899.CDEF.C298
    附图器物：
    WA1899.3

图片版权

图书在版编目（CIP）数据

80件陶瓷器穿越世界：美丽器物讲述的人类故事 /
英国阿什莫林博物馆著；陈依依译. -- 北京：社会科
学文献出版社，2024.1
　　书名原文: Around the World in 80 Pots: The
story of humanity told through beautiful ceramics
　　ISBN 978-7-5228-2658-5

　　Ⅰ.①8… 　Ⅱ.①英… ②陈… 　Ⅲ.①古代陶瓷－介绍
－英国 　Ⅳ.①K885.616.3

中国国家版本馆CIP数据核字（2023）第200598号

80件陶瓷器穿越世界：美丽器物讲述的人类故事

著　　者 / 英国阿什莫林博物馆（Ashmolean Museum）
译　　者 / 陈依依

出 版 人 / 冀祥德
责任编辑 / 王　雪　杨　轩
责任印制 / 王京美

出　　版 / 社会科学文献出版社（010）59367069
　　　　　　地址：北京市北三环中路甲29号院华龙大厦　邮编：100029
　　　　　　网址：www.ssap.com.cn
发　　行 / 社会科学文献出版社（010）59367028
印　　装 / 北京盛通印刷股份有限公司

规　　格 / 开　本：787mm×1092mm　1/16
　　　　　　印　张：17.25　字　数：190千字
版　　次 / 2024年1月第1版　2024年1月第1次印刷
书　　号 / ISBN 978-7-5228-2658-5
著作权合同
登 记 号 / 图字01-2023-3153号
定　　价 / 158.00元

读者服务电话：4008918866